肖潘潘 著

好新闻的诞生

人民日报夜班编辑这样改稿

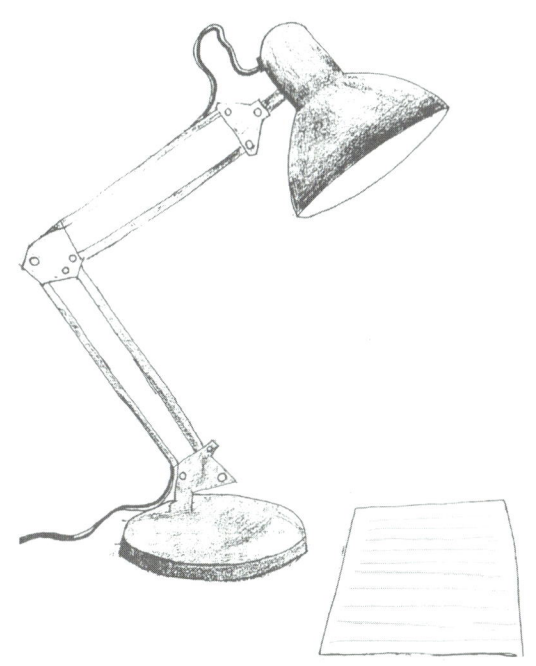

人民日报出版社
北京

图书在版编目（CIP）数据

好新闻的诞生：人民日报夜班编辑这样改稿/肖潘潘著.—北京：人民日报出版社，2022.6
ISBN 978-7-5115-7350-6

Ⅰ.①好… Ⅱ.①肖… Ⅲ.①新闻编辑 Ⅳ.①G213

中国版本图书馆CIP数据核字（2022）第075028号

书　　　名：	好新闻的诞生：人民日报夜班编辑这样改稿
	HAOXINWEN DE DANSHENG：RENMINRIBAO YEBANBIANJI ZHEYANGGAIGAO
著　　　者：	肖潘潘
出 版 人：	刘华新
责任编辑：	张炜煜　霍佳仪
封面图片：	肖闻佳　肖闻予
装帧设计：	观止堂
出版发行：	人民日报出版社
社　　　址：	北京金台西路2号
邮政编码：	100733
发行热线：	（010）65369531　65369509　65369512　65369528
邮购热线：	（010）65369530　65363527
编辑热线：	（010）65369514
网　　　址：	www.peopledailypress.com
经　　　销：	新华书店
印　　　刷：	大厂回族自治县彩虹印刷有限公司
开　　　本：	710mm×1000mm　1/16
字　　　数：	250千字
印　　　张：	15.25
版　　　次：	2022年7月第1版
印　　　次：	2022年7月第1次印刷
书　　　号：	ISBN 978-7-5115-7350-6
定　　　价：	46.00元

推荐语

很久没有读到如此解渴的新闻实务研究的好书了。本书作者是一名资深的夜班编辑，他抓住了结构、标题、纠错、版面编辑、选题策划五个关键点，成功地运用讲故事的方式，揭开了夜班编辑"幕后"工作的真谛，诠释了人民日报为什么能生产出那些高质量的新闻。在这本书里，你可读到鲜活的案例、独到的观点、过硬的业务分析。从字里行间更可读出新时代党报新闻工作者的精神境界，以及对专业精益求精不懈的追求与思考。

——北京大学新闻与传播学院教授　徐　泓

操千曲而后晓声，观千剑而后识器。新闻传播学是一门非常强调应用能力和学习能力的学科，需要从业者在新闻实操中历练学习。这本书是夜班工作的业务手记，也是党报编辑的"专业技能包"，新闻学子细读之，应该可以从中学到一二"招式"。

——复旦大学新闻与传播学院教授　李良荣

讲故事、做标题、定策划、追热点、挑差错……本书内容几乎囊括了编辑工作的全部流程和环节，为外界了解、学习党报编采业务提供了一个窗口。认真读此书中的故事、思考，我脑海里浮现一句话："新时代的新闻工作者，必须增强脚力、眼力、脑力、笔力。"我想，无论新闻载体如何变迁、传播平台如何演进，在践行"四力"中提升能力、锐意创新、锤炼作风，永远是新闻工作者的追求。

——武汉大学新闻与传播学院教授　强月新

众媒时代呼唤好新闻，也期待更加优质的新闻作品，那就不妨走进专业媒体内部，去看看人民日报的新闻编辑是如何做新闻、如何讲故事的。本书作者从稿件编辑的精雕细琢、选题决策的创意构思、作品修改的严谨细致、标题制作的研磨推敲等日常编辑工作展开，将抽象的理论与鲜活的案例有机结合，分享了自己多年的从业经验，对于所有好奇"什么是好新闻"以及"好新闻如何诞生"的读者来说，都值得仔细品味和思考。

——中国人民大学新闻学院教授　许向东

读这本书，起初是受好奇心的驱使，想了解党报夜班编辑们的日常工作，都有哪些值得书写的趣事。继而则沉浸于作者讲述的一个个生动具体的幕后故事，而最吸引我的，则是作者对故事的种种剖析、反思和联想，充分体现出他持之以恒的敏学善思和充满情怀的笃行。掩卷之后，我仍难掩内心的激动。"眼底未名水，胸中黄河月"，北大人、新闻人，永远在路上！

——北京大学新闻与传播学院教授　许　静

10多年来肖潘潘一直坚守在人民日报夜班一线，积累了丰富的编采经验创新。读此书，深感编辑雕琢文字、精益求精的匠心与不易，也为作者沉甸甸的讲述所触动，为其精辟形象的经验总结所震撼，其中的编辑技巧有实用性、幕后故事有吸引力、业务思考有独到处。此书对新闻传播学子、业内人士掌握前沿方法论将大有裨益。

——暨南大学新闻与传播学院教授　麦尚文

目 录

第一辑 好稿佳构是雕琢出来的

一开头就扣人心弦 // 3
新闻采写编中的"巧思" // 13
找到故事的"拐弯处" // 20
建立"解决问题"的叙事逻辑 // 27
细节比辞藻管用 // 31
挖出最佳细节 // 33
讲好故事，搭好架子 // 35
警惕"转述式叙事" // 41
少点"材料味故事" // 45
人物特写的三条底线 // 49
多用短句写故事 // 55
自述体稿件编辑的三点反思 // 59

第二辑 精彩标题是推敲出来的

"定题行文更有数" // 67
这个标题为何被袁隆平亲友记住了 // 69
做标题讲究"研"和"磨" // 73
七嘴八舌做标题 // 75

标题的格调　　　　　　　　　　// 78
一题一境界　　　　　　　　　　// 81
好题助稿上头条　　　　　　　　// 84
像"段子手"一样做标题　　　　 // 87
正面宣传如何做出好标题　　　　// 90
新闻小标题制作的三个原则　　　// 95

第三辑　火眼金睛是磨炼出来的

积累千日，纠错一时　　　　　　// 105
话不过头，言须克制　　　　　　// 108
职务简称，慎之又慎　　　　　　// 110
诗词歌曲，错而不知　　　　　　// 113
数据不准，谬以千里　　　　　　// 115
史实难核，仍要细究　　　　　　// 117
天文地理，须知一二　　　　　　// 118
多嘴编辑，意外之功　　　　　　// 120

第四辑　新闻感觉是积累出来的

中外编排都讲平衡　　　　　　　// 125
真实是新闻的生命　　　　　　　// 128
当专家成为舆论风波的源头　　　// 137
透过热点找问题　　　　　　　　// 139
多点治理者思维　　　　　　　　// 141
编辑的成就感　　　　　　　　　// 145

正面宣传带点问题意识　　　　　　　// 149
平衡报道也有编辑态度　　　　　　　// 152
科学报道尤需注重科学　　　　　　　// 157

第五辑　选题策划是挖掘出来的

一块肉要多做几个菜　　　　　　　　// 165
一个等了6个月的新闻支点　　　　　 // 175
探索以证据为核心的调查性报道　　　// 182
网络大谣是如何利用媒体炒作的　　　// 189
西方媒体是怎么操作中国选题的　　　// 196
汹汹舆情，如何更好回应　　　　　　// 206
屡屡反转，有点辨伪意识　　　　　　// 212
从"事实"到"事理"　　　　　　　　// 222
从"事件"到"见势"　　　　　　　　// 225

后　记　夜班路·夜归人

// 232

01

第一辑

好稿佳构是雕琢出来的

- 应树立"一开头就扣人心弦"的标准，第一时间调动阅读兴趣。

- 人物特写要像武侠小说中"密室打斗"一样，第一下接触就拼尽全力，不然吸引不了读者，就意味着一败涂地、无可挽回。

- 故事有短有长、有快有慢，但绝不允许"平"；矛盾和冲突使故事的张力始终不松懈，文章才好看，读者才爱读。

- 失去了细节就如同失去了血肉，只留下了骨骼。一具白森森的骷髅，和一个有血有肉、生动活泼的人，人们更愿意看哪一个？答案应该是后者。

- 文章有了好架子，就像房子有了稳固的"四梁八柱"，不管以后怎么改造，也都只是在框架基础上的"内装修"。

- 记者要记录素材，同时不断消化素材；记者在路上采访奔波，同时在心里雕琢框架；故事的结构成型于采访之中，确立于下笔之前。所谓"人动、笔动、心动"。

- 要避免从头到尾都是一两个人的情况介绍。改造"转述式叙事"，就是将"描述""陈述"改为"行动""呈现"。

- 修改稿件的编辑，就像加工原石的匠人，通过锯割、琢磨、抛光、上蜡，一步一步去除原石上的废料，一点一点地让玉石增光发亮，最后留下光彩夺目的翡翠艺术品。

一开头就扣人心弦

有没有见过这样的报道,仅仅看一下开头,就想一口气读完整篇?
请看下面这段开头:

"你的牛皮也太大了吧!"朱镕基终于忍不住插话了。

是不是有一种迫不及待向下看的冲动,想看"牛皮"是什么?为何"牛皮也太大了"?朱镕基为什么都"插话"了,而且是"终于忍不住"?

这是中新社 2002 年 3 月 6 日发出的一篇通讯开头,标题为《朱镕基:"你的牛皮也太大了吧!"》(作者:李鹏)。在第十三届(2002 年度)中国新闻奖评选中,这篇报道获评通讯三等奖,仅 625 字的全文如下——

"你的牛皮也太大了吧!"朱镕基终于忍不住插话了。

今天下午,国务院总理朱镕基和往年一样,"回家"参加了人大湖南代表团的分组审议。民营企业家梁稳根在发言时,急切地想让总理知道自己的远大抱负,不过,他却遭到了朱镕基善意的"一瓢凉水"。

梁稳根认为自己的企业在电力设备制造上很有优势。朱镕基盯着兴致勃勃的梁问:"我问你,你现在做了多大的电力设备?"

"我们还没做。"梁稳根不好意思地说。全场听众大笑,朱镕基也禁不住乐了。

朱镕基劝梁说:"我肯定你做不出来,因为全国能做 60 万千瓦(电力设备)

的已经有3家了，设备都过剩，你到哪去找市场呀？"

梁稳根显然没有意识到朱镕基对电力设备行业如此熟悉，有点语塞，但又不甘心，想进一步解释。朱镕基接着提醒梁说："作为一个企业家，首先要观察市场，我不知道你的成功之道是什么。"

全场又大笑。朱镕基显然对湖南团的代表非常熟悉，不时和代表们亲切地说起家乡话。中南林学院的田大伦教授发言时，她因为感冒嗓子一下子哑了，几乎失声。朱镕基向前欠了欠身，关切地说："你把麦克风拿近一点。"

虽然都是老乡，但在一段时间里，朱镕基似乎都不留情面，像对梁稳根那样不时给发言者提醒。

湖南岳阳市人大主任刘泗元在发言时，提到一个纸厂。朱镕基立刻说："我知道那个纸厂的厂长，我去湖南的时候特别跟他讲，不要把洞庭湖污染了。"

刘泗元后来提到修建长江防洪的工程，朱镕基又和她有个简短的对话：

"没有豆腐渣工程吧？"

"目前还没发现。"

"发现就要撤你的职了！"朱镕基提高了声调。

这篇通讯的开头，有新闻人物（朱镕基），有戏剧冲突（朱镕基对话另一人），有悬疑设置（为何吹牛皮），最终以生动的场景呈现（朱镕基终于忍不住插话了）。一开头就扣人心弦，这篇报道做到了这一点。

有一个好的开头，报道就成功了一半。很多新闻前辈、业界大家非常注意设计报道的开头，有的甚至数易其稿，就是这个原因。有视频网站曾根据用户观看数据，总结出"黄金七分钟，关键前三集"的剧集网络传播特点，反映了观众审美趣味的变化。在新闻报道上，也应该有"黄金七分钟，关键前三集"的追求，树立"一开头就扣人心弦"的标准，第一时间调动读者的阅读兴趣。

有的报道能做到"一开头就扣人心弦"，与优秀的记者、扎实的采访、精彩的素材关系很大。记者能抓回像"朱镕基质疑企业家吹牛皮"这样的新闻，无论以何种方式报道，关注度都不会低。

那么，讲述技巧作用就不大了吗？当然不是。精彩的开头和叙述，能放大作品的效果。时至今日，《朱镕基："你的牛皮也太大了吧！"》读起来仍让人

回味，作品的魅力丝毫没有受到时间流逝的影响，这正得益于作者深厚的采写功底。

如何让开头更精彩？开头有哪些技巧？从我们的实践来看，优秀的开头有这样四类共同方式：

一、以疑问或悬念开头

我们看一些武侠电视剧，一开头常常是刀光剑气、蒙面打斗，然而不见人物、不知缘由；或是空城寂寂、黑影穿梭，是谁？为何？前往何处？茫茫然一头雾水。

这就是营造疑问或悬念的效果。

在报道中，疑问或悬念的开头有两种：一是在开头设问，随即在开头作答；二是把答案埋在文中或在文末揭晓，让读者自己去阅读去寻找。

2019年10月10日，人民日报第十三版《人民眼》专栏，刊登了长篇通讯《大庆为何青春常在》（作者：王一彪、费伟伟、吴齐强、孙振）。这篇通讯共分为四个部分，每个部分的开头，都经过精心打磨。第四部分《改革驱动 打造高产稳产百年油田》，就是以疑问开头的设计——

口红和油井有啥关系？

大庆采油二厂高级技师刘丽的"天马行空"，让人啧啧称奇：以往井口漏油，更换圆筒状盘根盒的密封圈，要拿螺丝刀往里一点点抠取，底部碎块抠不净，还会磨损盘根盒里的光杆。

看着口红，刘丽脑洞大开——在盘根盒下方设一旋转底座，像转口红一样把损坏的密封圈"转"出来。刘丽设计的可调式盘根盒不仅省时提效，还大大减少磨损，提高光杆使用年限。

更让人想不到的是，这个小发明自2000年问世，竟更新研发了5代。今年新推的第五代产品，刘丽给它装了一套弹簧装置，单井日省电11度。

如果一开头这样写，还会吸引人吗——

采油工刘丽是黑龙江大庆油田第二采油厂第六作业区采油48队采油工班长。扎根采油一线28年间,刘丽研制创新成果200余项,用勤奋与韧劲解决了一个个生产难题,她带领"刘丽工作室"全体成员取得技术革新成果1048项,加工推广技术革新成果2344项,创造经济效益1.2亿元。

很明显,前者作为开头是精彩的,原因就在于,作者的问题让读者感到陌生,因而能吸引人读下去。

还有的开头,在语言叙述上运用小技巧,比如先有意隐去人物身份,然后再揭开谜底制造反差效果。这种开头虽然没有直接设问,但创造出了悬疑的效果,也让人回味。

比如,2017年10月31日人民日报第六版刊登的新闻特写《兴家坨村行》(作者:胡果),开头是这样的——

一夜大风,气朗天清。趁着周日,两位书记搭伴下乡。

一位,是天津市武清区三街村党支部书记王洪旗;一位,是天津市委书记李鸿忠。同为十九大代表,从北京开会回来,两人一商量,组了个小分队,直奔宁河区兴家坨村,宣讲十九大精神。

"两位书记搭伴下乡",读者会好奇是"哪两位书记"。通过其中的用词"搭伴",一般会从思维定式出发,认为两位书记职位、级别差不多——这是作者通过词语营造的悬念和陷阱,让读者在心里搭建起一个"经验预期"。

继续往下阅读,一位书记是村书记,另一位书记却是天津市委书记李鸿忠。行文至此,两位书记的身份落差出来了,打破了读者的经验预期。读到此处,读者又有疑问:"两位书记级别差了这么多,为何会搭伴下乡?"随即,作者为语言创造的这个悬念给出了答案:"同为十九大代表,从北京开会回来,两人一商量,组了个小分队,直奔宁河区兴家坨村,宣讲十九大精神。"这种叙述进程,既合理又恰当,让人信服。

试想,如果这个开头这样写:

周日，天津市委书记李鸿忠和武清区三街村党支部书记王洪旗，一起下乡宣讲十九大精神。

是不是如饮白水、毫无趣味？可见，灵巧的语言能够有效提升开头的趣味性、可读性。

值得一提的是，设置疑问或悬念式开头，一定要精心选择、反复推敲。设置的问题或悬念，应确是具有吸引力、让人感兴趣的。否则，容易让人觉得低级、幼稚、尴尬，严重破坏阅读感受。

二、以冲突或意外开头

改编自作家忽培元创作的长篇小说《乡村第一书记》、曾在中央电视台热播的电视剧《花开山乡》，讲述了从中央机关下派到基层担任驻村第一书记的白朗，带领乡亲们克服困难、建设家园的故事。

电视剧的前3集，是展开戏剧冲突的重头戏。白朗上任当天，就突遇上访群众大闹会场，而后又发生原村工作队队长心脏病复发突然去世等一系列突发事件。电视剧开头几集，白朗始终处在矛盾旋涡的中心。对此，原著作者忽培元也予以高度肯定："演员演得投入，观众看得过瘾。"并提出："一幕大型交响乐开启，起首第一个音符的高低及情感指向十分重要。"

《花开山乡》把精彩的戏剧冲突放在"起首第一个音符"，一开头就扣人心弦。与之类似的，人民日报原副总编辑许正中也曾多次强调这样一个观点："肉不能埋在饭里。"他认为，精彩的篇章，就应该突出处理。"酒香也怕巷子深"，如果把"肉埋在饭里"，顾客都走了，还怎么卖产品？

戏剧化的冲突、矛盾，和意料之外、料想不到的事件，一般是故事中较精彩的段落。这样抓眼的内容，就是"饭里的肉"，应该浓墨重彩地放在开头。在新闻编辑实践中，我们经常做结构上的调整，目的就是让"肉"显露出来，在阅读的"第一眼""第二眼"时就抓住读者。

比如，2021年7月27日人民日报第五版刊登的《吉林省梨树县——法官进网格 诉前解纠纷》（作者：李家鼎），开头就从两位群众的"吵架"讲起——

过晌风一个劲儿地吹，张喜山的火却直蹿。

"大成子，可算让我逮着你了，今天咱俩说啥也得掰扯明白！"老张一把抓住刘大成的胳膊。

"喜山叔，就半垄地，您至于吗，可别气坏了身子！"刘大成颇不以为然。

"你不认账，咱就法庭见！"

瞧瞧，"火却直蹿""一把抓住""颇不以为然""咱就法庭见"，一句一句，两个人之间的"火气"就拱了起来，生动形象，也让读者好奇为啥事这样"上火"。

冲突、意外式的开头，在报道中常能见到。我们走在大街上，看到一处地方被围了里三层外三层，猜个八九不离十，一般是发生了矛盾、纠纷，引起了围观、关注。冲突、意外式开头就能起到相同的效果，让读者产生"围观"的期待和兴趣。

比如，有一篇报道原稿是这样开头的——

高校院所科研人员与企业合作开展的横向科研经费该如何使用，曾是一些科研人员心头的"疙瘩"。

这是一种我们常见的开头，讲故事之前先讲问题，把"包袱"先露一角。但是编辑发现，这篇稿件的后面还讲了一个"花钱难"的故事，这是一种常人很难想到的情况，如果前提到开头，应该更能吸引人。修改后的开头是这样的——

"很多人觉得挣钱难，可我们觉得花钱更难！"某某[①]大学机械工程学院教授刘某某谈起几年前，因"有钱花不出去"导致项目"黄了"的事情，至今仍感到遗憾。

[①] 本书举例时提到"某地""某人"等情况，皆为作者隐去真实来源，望读者见谅。

"挣钱难"是大家都知道的,"花钱难"则是大家认知范围之外的。将这种意料之外的案例前提,相比原开头更能吸引读者。

三、以场景和特写开头

并不是所有报道都能提出疑问、悬念,都有冲突、意外。怎么让开头更精彩一些呢?还有一种实用的手法:重构场景。

以场景开头,是很常用的一种方式。一般根据报道内容,灵活确定场景方式,有人物活动的场景、景物描写的场景、矛盾冲突的场景等。

比如,2022年1月4日人民日报第四版刊登的《"咱要让青山常在、永续利用"》(作者:郝迎灿、张艺开)一文,讲东北林场技术人员为"青山常在、永续利用"无私奉献的故事。它是这样开头的:

一夜大雪,林海银装,万枝素裹。

早上7点,气温在零下15摄氏度左右,两双棉袜、两层棉袄上身,三双手套入兜,伴着"咯吱咯吱"的踩雪声,王红梅出门上山了,"一双手套不够,冻硬了还得换呢。"

仅仅一个"出门",记者的镜头包括了远景(雪景)、环境(气温)、场景(穿戴出门)、对话,寥寥几笔就将低温下的工作环境活灵活现地描述出来。这是常见的开头,通过细致的描写构建起场景,让读者尽快进入主题。

从编辑角度看,永远是写出新意的场景最受欢迎,其中,让人感觉意外、

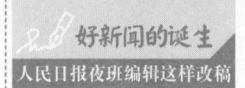

陌生，情节有紧张感、有转折性的场景尤为被人称道。

驻守江苏省灌云县燕尾港镇开山岛的王继才、王仕花夫妇，是全国闻名的典型人物。自1986年起，王继才夫妇克服重重困难，守卫孤岛整整32个年头（统计截至2018年王继才去世，王仕花至今仍坚守在开山岛）。他们以海岛为家、与艰苦为伴，坚持每天升起国旗，每天按时巡岛，护航标、写日志，与走私、偷渡等不法分子作斗争。2018年7月27日，王继才在执勤时突发疾病，经抢救无效去世，年仅58岁。

王继才夫妇先后获得"时代楷模""感动中国人物""最美奋斗者"等荣誉。2019年9月17日，国家主席习近平签署主席令，授予王继才"人民楷模"国家荣誉称号。

这样广为人知的典型人物，报道应该如何开头？以列举事迹式开头，是很多典型人物报道的常规操作方法，这样做的优点是四平八稳、一目了然，缺点也是四平八稳、没有新意。

但2014年10月13日人民日报刊登的《孤岛夫妻哨：为了一份承诺，28载默默坚守》（作者：王伟健）一文，就将场景式开头写出了新意。这个场景，巧就巧在，它既是一个让王继才本人意外的场景，也是一个让读者意外的场景——

9月8日，江苏省灌云县燕尾港镇开山岛村党支部书记王继才回燕尾港镇置办一些日常用品。街上熙熙攘攘，热闹得很。对于常年守在开山岛的王继才来说，这样的场景总觉得看不够。路过镇文化广场时，四周围满了人，人群中央，演员们正在演唱地方剧——花船剧。

"小船浪到河滩上。哎，大姐，你这船上装这么些蔬菜水果到哪里去呀？""是去慰问守岛英雄王继才、王仕花夫妇的……"花船剧曲调悠扬。

"哎，这唱的怎么是我们啊。"听到歌词，王继才有些不敢相信。

歌词的大意是，在一个远离大陆、荒无人烟、台风时常肆虐、面积不足20亩的小岛上，一对夫妻坚守边防，一守就是28年。短短半个小时的花船剧，让王继才听得热泪盈眶，因为这个花船剧讲的正是他们夫妇俩的真实故事。

如果用电影叙事视角来说，这篇开头就是第一人称的限制叙事视角。读者跟随王继才，一同来到"热闹得很"的街上，一起"路过镇文化广场"，关键的是，一道经历了"不敢相信"——原来，花船剧唱的就是"自己"——在这一刻，读者跟王继才一起共情，体会到了这种意外。

这个开头的最后一段，在介绍典型人物事迹上，写得也不落窠臼。这一段并没有按照常规以记者视角托出事迹，而是巧妙地以花船剧"歌词的大意"转述王继才的事迹，还着重强调了"王继才听得热泪盈眶"的细节，目的就是让读者继续沉浸在意外相遇的氛围中。

这样精彩的开头，是记者两种能力的体现：一是采访能力，二是选材能力。如果记者没能采访到这个细节，或者采访到了却没有做如此恰到好处的处理，就不可能有如今这个开头的面世。

四、以思想和观点开头

有人说，世界上有两种东西最锋利，一种是剑，另一种是思想，而思想比剑更锋利。

有的报道，将最精华的思考放在开头，给人以直接的冲击。读者沿着这种思考，跟随记者的讲述往下读，从而引发共鸣，受到感染。

2018年1月30日人民日报一版刊登的《梁家河村民说今昔》（作者：孔祥武），是这样开头的——

人比山高，脚比路长。

踏访了延安梁家河村，深以为然。

时逢寒冬，迎着冬日暖阳，出延安城，上高速路，一路上，山连着山，沟套着沟。一个多小时后，抵达深藏在陕北黄土高坡山坳里的梁家河，举目四望，全是山，星星点点的窑洞依山而建。

"人比山高，脚比路长。"一句简练的感受，既有思想深度，又吸引人往下读。紧随其后的，是作者奔赴梁家河的过程，这段白描，既佐证"山高、路长"，又引出接下来的采访，可谓精到贴切。

以思想开头,体现了记者对新闻事实的精准独到把握。精彩的思考,能给人以冲击,能给报道以跨越时间的力量。2004年2月1日,人民日报头版头条刊登了一篇通讯《刮目再看张家港》(作者:张铁、王斌来、汪晓东),其开头至今读来仍觉新颖、深刻:

看张家港,却有四个"看不见"。站在长江边,看不见长江:塔吊林立、货轮密布,辨不清水与岸;出了城市,看不见农村:道路宽敞、别墅成片,分不出城与乡;身处工业区,看不见浓烟滚滚的烟囱和黑水汹涌的排污口:发展循环经济使生产中的副产品被综合利用,几乎谈不上"废"和"宝";走在街上,"看不见"农村人:市民化管理、亲情化的社保体系,让人认不出"主"与"客"。

"看不见"的背后是"看得见"的事实:张家港的经济发展越走越顺了,越走越快了,人民群众也越来越富了。

这个开头,一开始就是转折,"却有四个'看不见'",让人忍不住读下去。"看不见"的场景,"看得见"的事实,是观察的结果,更是思想的结晶。两者的过渡递进如此自然,让读者很信服地就接受了文章的观点。

一个好的开头,要能迅速调动读者的期待。信息时代、数字社会,各类新闻让受众应接不暇,如果第一眼就无法引起注意,受众很容易忽视后面的内容。因此,开头必须设置让人阅读的"兴奋点"。

在激发读者的"兴奋点"上,疑问或悬念、冲突或意外、场景和特写、思想和观点这四类开头效果比较好、使用比较多、共性比较强。实际上,除此之外还有对比式、排比式、引用式、假设式等各类开头。

文无定法,报道的开头也是如此。再多案例分享,再多要点总结,只是启发思考的第一步,更多还是要在工作中融会贯通、触类旁通,不断积累经验,不断学习同行,不断创新实践,只有这样,才能创造越来越多的精彩开头。

新闻采写编中的"巧思"

《李存良不存粮》（作者：张志龙），是新华社播发的一则小特写。这篇报道，从山东曹县李楼寨村一户农民的经历写起，讲述了中国人从20世纪缺粮、存粮，到现在不缺粮、不存粮的历史过程。

从报道的标题就能看出记者的巧妙之处，他找到了最佳的切入点——一个特殊的采访对象，出生于1955年、名字谐音是"存粮"的农民李存良。报道着墨于个人，将历史变迁化为人物背景，引出"李存良不存粮"的事实，这种戏剧化的反差，让人印象深刻。

一直以来，很多观点都指出，写作不能平铺直叙。这是一个理论上的指导观点，那怎么做才能写出新意呢？路径有很多，在新闻实践中，有一类报道，通过巧妙的构思和创意，让人看后感觉有趣、生动。这样的报道，或设定了让人耳目一新的结构，或提供了一个新鲜的观察角度，或贴切地利用新闻的特点进行谐音处理……所有的"巧思"，都为着一个强化新闻特点的目的来进行。新闻采写编中这样的"巧思"，值得研究和探讨。

"巧思"的本质，是创新、创意、创造，是不拘一格，不走寻常路，报道中要有一个或多个吸引读者的新点子。"巧思"的确立，需要记者和编辑仔细研究报道主题和素材特点。同时，以发散思维将主题和素材联系起来加以分析和思考，从中找到最适合的角度和形式整合展现。

实践证明，有的创意是相通的，多了解一些报道"巧思"和创意、点子，可以从中启发灵感，开阔思路；有的"巧思"运用的技巧，还可以多次借鉴使用。因此，我们研究"巧思"，要学习背后的特点、共性、技巧，善于举一反三，思

考如何"创意转移"。

以《李存良不存粮》为例,这一创意的特点是利用了姓名与历史背景的联系。名字,寄托着美好的祝愿,也带有鲜明的时代烙印。以名字巧妙串起历史变迁,这样的设计和"巧思",在新闻报道、策划中时常可见。

比如,为迎接新中国成立70周年,人民日报、新华社等媒体推出了"我的名字叫建国""寻找身边的建国"等报道,将话筒、镜头对准了名叫"建国"的群体。

在20世纪六七十年代,"建国"是一个极为"时髦"的名字,在最高峰的1970年,一年就有近2000个"建国"出生。据统计,我国有近百万人名叫"建国",几乎每个城市都有叫"建国"的地标。在新中国成立70周年之际,讲述"建国"群像的故事,以普通个体70年的人生轨迹折射国家前行的历史足迹,视角具体而又集中。这类报道以小见大、富有趣味、形式统一,因而引起了人们的阅读兴趣,也成为庆祝新中国成立70周年各类宣传报道中的一道亮丽风景线。从"存粮"到"建国",虽然创意内核不变,但作品却让人常看常新。这充分说明,"创意转移"是可行的。

在很多人心目中,记者写了报道,就是创新的责任主体。写不好报道,或者报道了无生趣,就是记者的责任。实际上,编辑虽然隐身在后,但也能在创新提升上起到重要作用。负责任的编辑往往毫无保留,为记者稿件倾尽心力,把记者的作品当作自己的作品,千方百计扮靓稿件,为其注入"巧思",使其有生气、有趣味。

"巧思"的产生,有的是靠刹那间的灵感火花一蹴而就的,也有的是通过琢磨改动而一步步成型的。

在我经手编辑的一些稿件中,有一篇报道的"巧思",就是在夜班时经过一次又一次编辑最后敲定的。

记者刘新吾曾给我们投过一篇名为《跨过"隘口"奔小康》的稿件。

《跨过"隘口"奔小康》讲述了一个贫困户付维刚的故事。付维刚当过兵、打过工,身强体壮,但为了给患有先天智力疾病的儿子看病,欠下了20多万元外债。在浙江打工时,付维刚学到了种植黄桃的技术,随后带着技术返乡创业,流转土地发展黄桃产业致富奔小康。

故事不复杂，记者写得也很用心。标题中的"跨过'隘口'"，就是记者"巧思"的一个体现。在原稿结尾，记者这样写道：

付维刚家不远处，是秀山县隘口镇，地如其名，是一个险要隘口。当年，红军曾在此攻城拔寨。现在，随着交通条件的改善，隘口变通途，付维刚也经常跨过隘口，将黄桃送到顾客家中。以前，孩子用尿片，妻子冬天也在凉水里洗，现在，他也用上了尿不湿，付维刚抱着孩子更方便了。

待阳春三月，桃花盛开，付维刚的黄桃园将会更加热闹，他也会跨过小康"隘口"。付维刚有个想法，就是背着儿子爬爬山，登高望远，看看自家的满山桃花。

能够看出，记者写作的"巧思"是想用"跨过隘口"来反映主人公面对困境时不屈的精神和过程。顺着记者的思路，第一版稿件的修改中，我们将"隘口"这个"巧思"放大，并从结尾前移至文章开头，改写为：

从曾经的贫困户到现在经营30亩桃园、带动村民一起致富，付维刚和他种的黄桃一样，名气越来越大。他家不远处有一个险要隘口，红军当年曾翻越此处。现在交通改善，隘口变通途。付维刚觉得，发生在自己身上的变化，就像跨过一个个这样的"隘口"。

但是，在进一步的编辑中我们发现，如果要使用"隘口"这个意象，有几点隐忧：

一是，通过编辑在地图上测量，实际的隘口镇与主人公所在地并不在一起，两者的联系实际上是为行文考虑而建立的；

二是，生活中的隘口镇已成通途，实际的"过隘口"与虚写的"跨隘口"意思上恰好相反，并列使用可能会让人觉得勉强；

三是，隘口一般指巨大的阻碍、困难，文中讲述主人公克服了大小困难，能否将困难不分大小全部归为"隘口"？

考虑到这些疑问和隐忧，稳妥起见，夜班中我们临时决定，一是对稿件的

"巧思"进行调整;二是对"隘口"这段的描述进行再编辑,改写得更加合理。

我仔细分析后发现,这篇报道实际上讲述了"创业""合作""守信"三个小故事,对应主人公的三句话:"那么多苦都熬过来了,没趴下就要干到底","不分你的我的,有钱老乡们一起赚","做生意就要讲诚信,这样才长久"。

这三句话,能否用三个精彩的词来提炼?就像构建文章的"架子",提炼得好,文章的脊骨就挺起来了,"巧思"也就有了。那晚夜班,这一处的修改,是让我花费时间最多的环节。最后,我以"不甘认输""不算小账""不改原则"三个小标题总结了这三个故事,以《桃花开处 致富有路》作为主标题,暗含"三不"成就"致富路"之意。

在夜班签最后样时,值班编委杨涌提出:《桃花开处 致富有路》这个标题不够新颖,还不如把"三不"做上主标题,更有陌生感。这一建议得到众人一致认可,最终大标题改为《老付种桃有"三不"》。

"巧思"就要放大。《老付种桃有"三不"》这个标题,有欲扬先抑的效果,能抓住读者的好奇心。

对于记者在"隘口"上的"巧思",我们也未放弃,作了一点编辑,改为如下表述,放在文章结尾——

付维刚家不远处,是秀山县隘口镇,地如其名,是一个险要隘口。当年,红军曾在此攻城拔寨。现在,随着交通条件的改善,隘口变通途,付维刚也经常路过隘口镇,将黄桃送到顾客家中。

付维刚说,他已经闯过了脱贫的隘口,今后还要继续壮大黄桃生意,把日子过得越来越好。

将"隘口"明确为"贫困",符合"隘口"巨大障碍的本义。同时,从"闯过隘口"出发展望未来,留下一个光明的结尾。

一篇富有"巧思"的新闻报道,往往是记者和编辑通力合作的结果,是一步一步打磨至美的结果。无论从读者角度出发,还是从编辑角度出发,大家都需要让人眼前一亮的新闻报道,都需要新闻报道中的"巧思",呼唤出现更多"巧思"。

【附】

老付种桃有"三不"

风和日丽,桃花盛开。付维刚的黄桃园热闹起来,有不少前来赏花的游客。付维刚抽了个空,背着儿子爬上黄桃园附近的山,登高望远,让儿子也看看自家的"桃花源"。

不甘认输

付维刚是重庆市秀山土家族苗族自治县龙凤村村民。

当过兵、打过工,付维刚身强体壮,如今经营30亩桃园,曾经却是贫困户。

这得从他的家庭情况说起。2006年,付维刚的儿子出生时就患有先天疾病。他带着儿子走遍北京、上海各大医院,看病欠下了20多万元。10多年时间,付维刚一边打工,一边照看孩子。艰难的时候,他和妻子共吃一份盒饭,吃不饱就只加一份米饭。

孩子渐渐长大,可生活仍然不能自理。"治不好病,但也要让孩子过得好一点,全家也要过上好日子。"付维刚决定试一试,便在2015年回乡创业。

回家做什么产业呢?在浙江打工时,见亲戚种黄桃致富,付维刚也跟着学。种黄桃,地必不可少。付维刚家地少,只得寻求邻里帮助,流转了15亩土地。果苗买好,正要栽种的时候,付维刚却遇到难题——有几家人改主意了,要收回土地。

原来,当地硬化道路。交通改善了,原有土地有了"升值"可能。付维刚想尽办法,托人说情、软磨硬泡,可还是有几户人家不同意,15亩缩水为10亩。

最让人头疼的是,临时退出的土地中,有一块刚好在果园中心。付维刚想了很多办法,最后和对方"置换"土地,终于把问题解决了。

"10亩也要种,以前那么多苦都熬过来了,没趴下就要干到底!"付维刚翻着20年前当兵时的照片,创业的决心更加坚定。

不算小账

春华秋实。2017年,黄桃实现量产,付维刚赚了一笔。

收入已经突破贫困线,能不能彻底摘掉贫困帽呢?村干部考虑到他家情况特殊,决定再继续扶持一段时间。

付维刚成功后,当年改主意的农户又找上门来,要求流转土地给他。付维刚痛快答应,扩大种植面积。现在,果园面积接近30亩,年收入20多万元。

不仅如此,还有村民来取经,想跟着种。付维刚二话不说,手把手地教,还给对方送果苗。目前,周围已有4户人家种植黄桃。

有人说:"别人都种了,你就不好卖了。"付维刚笑了笑:"不分你的我的,有钱乡亲们一起赚。不能算小账,得算大账。咱的桃子又大又甜,不愁卖不出去。"他的底气源于一颗颗淌出的汗水和一把把用坏的剪刀。

"当年我困难的时候,那么多人帮了我,现在我帮帮别人是应该的。"付维刚还有一个计划,就是把当地村民带动起来,打造黄桃产业,做深加工。

不改原则

能卖好价钱,除了桃子甜,付维刚还有一个"法宝",那就是诚实守信。

有人问:"你这桃子打农药吗?"一般可能得到否定回答,付维刚却实话实说:"一点药都不打确实不行,对果子成长不利,我请教了专家,只在套袋前打一次,用的是比较好的生物制剂。"

卖桃子的时候,付维刚更是出了名的守信用。一次,有位顾客发现箱子里的桃子坏了一个,付维刚听说后,二话不说,直接补寄一箱。如果答应顾客某天发货,他头天晚上就算拿着夜灯也要去地里摘果,"做生意就要讲诚信,这样才长久"。

虽然地处农村,每天穿梭在果园里,付维刚却时刻留心学习,更新销售手段和种植技术。

在看农业电视节目时,付维刚了解到果树认养的做法,决定效仿。每年三四月,顾客可以认养一棵桃树,挂上标识,保底收获40斤桃子,每棵500元,果树由付维刚代管,当季收获果实全归顾客,由付维刚摘下邮寄或顾客前来采摘。生长期间,付维刚定期发送认养桃树管护的视频。

第一年,就有顾客认养了40多棵桃树。顾客可以现场采摘,参加选桃王比赛、吃桃比赛,体验收获的快乐。他家黄桃的名气越来越大。

付维刚家不远处，是秀山县隘口镇，地如其名，是一个险要隘口。当年，红军曾在此攻城拔寨。现在，随着交通条件的改善，隘口变通途，付维刚也经常路过隘口镇，将黄桃送到顾客家中。

付维刚说，他已经闯过了脱贫的隘口，今后还要继续壮大黄桃生意，把日子过得越来越好。

（原载2020年4月16日人民日报第四版 作者：刘新吾）

找到故事的"拐弯处"

有一段时间，曾长期编辑一个人物故事专栏，慢慢发现了投稿者的不少共性问题。其中有三个比较突出：一是没包袱可抖，人物特点不突出，面目不清晰；二是包袱抖得慢，有的人物其实比较有意思，但叙述节奏缓慢，让人还没读到亮点就想放弃；三是包袱没抖对，有的本可以设置悬念或者强调冲突，写成一波三折的故事，却在一开始就把结果抖搂了出来，让人失去了阅读兴趣。

没包袱可抖的人物故事，说明没有抓到采访对象的特点；包袱抖得慢或者没抖对，说明还应在叙述节奏上下功夫。编辑在工作中常做的一项工作，就是与记者沟通，通过修改报道的结构、语言等，找到报道的包袱，让包袱的效果更突出。

包袱应该怎么抖？

一位著名作家讲过写作的一点经验。他说，好文章离不开折腾。

什么是折腾？其实就是我们常说的"文似看山不喜平""作文贵曲"。折腾就是要发现过程中的意外，展现人物不断变化的喜怒哀乐。这样读者的心情也随着阅读而变化，从而注意力被牢牢吸引。

所以，人物稿件中，我们要找到转折、写出波澜和冲突。这种转折、波澜、冲突，不是生编硬造、无中生有，而是要立足于本身就已经存在的情节。因为种种原因，一些有意思的内容在原稿中并不突出，从而要通过编辑的后期加工来放大、扩展。在新闻实践中，这样的案例非常多。

2020年4月14日人民日报第四版刊登的《老杨种菜记》，讲述了一个新型农民种菜卖菜的故事。这篇报道见报后，得到了很多同事同行的好评。地方部副主编谢雨评价说"故事讲得好"。她认为，这篇报道紧紧围绕主人公老杨展开，情节跌宕起伏、富有张力、冲突感强，有拽着读者往下看的感觉。

如果读者有"拽着往下看的感觉"，作为编辑也是欣慰的，因为这实现了编稿之初的目的——让故事一波三折，从而吸引读者阅读。

《老杨种菜记》全文分为三部分："回家·创业""转型·升级""传承·较劲"。细看每个部分，开头叙述都有转折——

第一部分开头："老杨是地地道道农村人。不过，他此前就没正儿八经干过农活。要说到他种地，那也才近些年的事。"

第二部分开头："种菜、卖菜，这样简单的生意，老杨原以为能一直干下去。哪想到，好日子只维持了3年。"

第三部分开头："合作社走上了正轨，蔬菜基地摊子越铺越大，老杨有些应付不过来，盯上了在外工作的儿子杨迪。"

原稿三部分开头是这样的——

第一部分开头："老杨今年50岁，是个地地道道的农村人，可要算正儿八经干农活，也才是近些年的事。小时候家里穷，没念几年书他就辍了学，原本想在村里当一辈子农民，可靠种庄稼又不够养活一大家子，只好跟着老乡外出讨生活。修过房子，卖过保险，到后来管理工程项目，老杨一步步把自己逼成了乡亲们仰慕的人。"

第二部分开头："好日子只维持了三年，到2014年，老杨的蔬菜渐渐不再畅销。'蔬菜基地遍地开花，"大路货"已经没出路，必须向高端绿色转型。'老杨心里明白，随着生活水平的提高，加上通讯和物流越来越便利，城里人买菜也变得更讲究。村里的蔬菜要保住市场，发展现代高效农业是大势所趋。"

第三部分开头："合作社走上了正轨，蔬菜基地摊子越铺越大，老杨有些应付不过来，他盯上了在外工作的儿子杨迪。'农村也是年轻人的大舞台，回来一样能闯出名堂。'架不住父亲的游说，2017年，25岁的杨迪成了村里第一个大

学生农民。"

可以看出,记者在原稿每部分的开头中就已体现了转折,但因表现的内容很多,转折反而不太突出。

段落长,读起来容易疲累;转折不突出,就起不到吸引阅读的效果。为了突出转折,我在稿件编辑中采取了三个方法:

第一,将开头改写为短段落、短句子,以凸显转折。

第二,增加"不过""哪想到"等词语,进一步烘托转折感。

第三,对开头第二段及以后的段落进行打磨,增写或重写了一些内容,以此解释、放大转折。

比如,针对第一部分的开头,我这样改写了第二段内容:

为啥这样?一个原因,种地不挣钱。老杨一家原有9口人,拢共才12亩地。靠种地养活这一大家子,困难。为了多赚点钱,20岁老杨就出去了。一路闯来,干过装修,卖过保险,后来有了经验,开始管理工程项目。

开头不直叙"农村人多年不种地"的原因,而是通过反问提起读者的兴趣;以大白话的平实语言叙述,减少阅读的障碍;大量使用短句,营造明快的节奏,把很长时间的个人经历压缩在这一段话里,让读者读来不觉得枯燥。

针对第二个开头,我将记者原稿"好日子只维持了三年,到2014年,老杨的蔬菜渐渐不再畅销"的相关内容作了这样的改编:

种菜、卖菜,这样简单的生意,老杨原以为能一直干下去。哪想到,好日子只维持了3年。

不知怎么的,到了2014年,老杨的蔬菜渐渐不再畅销。

咋回事?老杨边琢磨边调研,原来,周边人看着蔬菜集中种植挣钱,于是纷纷上马蔬菜基地。粗放经营的蔬菜种植,成了大路货。

"简单的生意却干不下去了""不知怎么的""咋回事",这些增加的句子,都是为了营造悬念，目的是增加读者阅读的兴趣。

针对第三个开头，只是增加了一句话。记者原稿只提及"架不住父亲的游说"，并未描述游说场景，编后稿这样修改：

合作社走上了正轨，蔬菜基地摊子越铺越大，老杨有些应付不过来，盯上了在外工作的儿子杨迪。

老杨三天两头给儿子打电话："农村是个大舞台，年轻人一样能闯出名堂。"架不住父亲的游说……

这里不仅将一段内容分为两段叙述，而且增加一处细节"老杨三天两头给儿子打电话"。有了这处内容，就有了老杨急迫的细节和具体的动作，让"游说"这个概括的词更显画面感。

新闻虽然是时效上的易碎品，但通过雕琢却可以成为精品。《老杨种菜记》就是编辑与记者携手雕琢的结果。它的修改过程再次说明了讲故事的一个道理：故事有短有长、有快有慢，但绝不允许"平"；矛盾和冲突使故事的张力始终不松懈，文章才好看，读者才爱读。

最近得知，曾摘得第二十六届上海电视节白玉兰最佳电视剧奖的《破冰行动》，在播出时做了两版剪辑。电视台播出版本采用娓娓道来的正叙结构，背景交代细致、完整；视频网站版本则用倒叙结构，通过雨夜抓捕的热开场制造悬念，又借大量闪回增加情节密度，同时在背景交代上刻意留白，以提高剧集的情节跨度和悬疑感。

热开场、大量闪回、增加情节密度、背景刻意留白、提高剧集悬疑感……这些手法的目的只有一个，提高观众兴趣，增强用户黏性。这种用户思维，在网络时代被倒逼至极致。这些手法，只有电影电视剧才可以使用吗？当然不是，我们在新闻报道中也可以运用。我们应吸收各种手法，找到故事的"拐弯处"，尽情"折腾"读者的情绪，让他们随着故事的推进，感受"山路十八弯"的颠簸，最后，他们一定会深深记住你，记住这个故事。

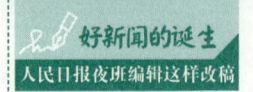

【附】

老杨种菜记

"再清点一下,看看钱有没有少。"

"错不了!"

湖南益阳市赫山区衡龙桥镇湘江西村,蔬菜种植合作社的会议室里,点钞机哗哗响,每一次停顿,桌上就出现一沓数百元到上万元不等的现金,花名册上随之摁下一个红手印。老杨在跟客户们结账。

老杨今年50岁,大名杨利民。记者问老杨,以前想过生意做到这么大吗?他果断回答:"绝对想不到!"再问他,咋能做得这么好?他不好意思了,摸摸头说:"七分靠打拼。"

回家·创业

老杨是地地道道农村人。不过,他此前就没正儿八经干过农活。要说到他种地,那也才近些年的事。

为啥这样?一个原因,种地不挣钱。老杨一家原有9口人,拢共才12亩地。靠种地养活这一大家子,困难。为了多赚点钱,20岁老杨就出去了。一路闯来,干过装修,卖过保险,后来有了经验,开始管理工程项目。

转眼到了2011年,村里引进一家农业企业,计划流转土地,发展蔬菜种植。老杨见过世面,办事又靠谱,企业负责人拉他一起干。听说回老家干农业,老杨立马提起了兴致,"闯荡30多年,还是想回家。"

4个多月脚不沾地地忙,老杨挨家挨户做工作,流转到500多亩地。正当他铆足了劲,准备开始种植时,企业出现了经营问题。眼看之前的努力要打水漂,他不甘心,"我来想办法!"老杨找到5个多年合作的老伙计,真把企业顶了起来。

虽然一波三折,但让老杨没想到的是,后面顺利极了。先建大棚蔬菜基地,再组农民专业合作社,机制一顺,万事皆顺。村里地势平、水源丰,老杨在这里种菜,很快打开了局面,茄子、辣椒、小白菜等时令蔬菜长势喜人。

第一批菜品上市,他直接拉到60公里外的长沙马王堆蔬菜批发市场,不用

他吆喝，菜就被经销商抢购一空。"基本上不愁卖，种出来就能变现。"

老杨顺势将种植规模扩大到700亩。

转型·升级

种菜、卖菜，这样简单的生意，老杨原以为能一直干下去。哪想到，好日子只维持了3年。

不知怎么的，到了2014年，老杨的蔬菜渐渐不再畅销。

咋回事？老杨边琢磨、边调研，原来，周边人看着蔬菜集中种植挣钱，于是纷纷上马蔬菜基地。粗放经营的蔬菜种植，成了大路货。

"必须要转型了。"老杨明确了方向。

但具体怎么转型，真不知道从哪儿下手。老杨放下手头的菜地，"自费出差"，跑到山东、河南等地，参加了许多有关蔬菜的农资展览，还实地考察了一些知名生产基地，学到了不少经验。

学到了啥？老杨一总结，就是四字：绿色、高效。老杨说，现在生活水平提高了，城里人买菜开始变得更讲究。村里的蔬菜要闯出市场，发展现代高效农业是大势所趋。

老杨先请专家进村，对土地做了两次全面"体检"。"好地才能种出好菜，搞绿色高效农业，得有扎实底子。"

确定土地没污染，他就放开了胆，拿出半辈子攒下的积蓄，对蔬菜基地进行了大改造。同时，老杨还注册了商标，立志做成品牌。

在当地农业部门帮助下，老杨的合作社与湖南农业大学建立了技术指导关系，还承担了省微生物研究所的多项技术推广和应用实验。

"玩的都是高科技，基地里新品种、新肥料、新药剂的应用率达到100%。"他还计划在基地架上摄像头，建立农产品溯源模式，让顾客扫描包装上的二维码，就能看到蔬菜的生产情况和种植过程、检测证明。

现在，蔬菜基地不仅通过了绿色农产品产地认证，还获得了农业部蔬菜标准园、湖南省"三品一标"示范合作社等称号。在此基础上，基地的精品蔬菜拓宽了市场，走进了长沙的高端超市，最近更是跟广东企业签了约，即将供应香港市场。

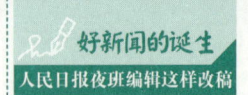

传承·较劲

合作社走上了正轨,蔬菜基地摊子越铺越大,老杨有些应付不过来,盯上了在外工作的儿子杨迪。

老杨三天两头给儿子打电话:"农村是个大舞台,年轻人一样能闯出名堂。"架不住父亲的游说,2017年,20多岁的杨迪成了村里第一个大学生农民。

小杨有自己的想法。他回村后,不甘心给老杨打下手,琢磨来琢磨去,竟然蹚出了一条新路子——和村里合作成立公司,干起了特色农产品加工。

"老爸卖出去的都是新鲜菜,我就跟他搞'错位发展'。"基地里的蔬菜,尽管品质都不赖,但有一些产品因为品相不过关而入不了老杨的"法眼",杨迪借机捡漏,二次加工,把这些菜做成干辣椒、卜豆角等农家菜。

"不得不承认,他的利润空间比我的高一大截。这小子是块干农业的料。"让老杨感到意外的是,儿子不仅能搞出新产品,还能卖到全国各地。原来,小杨在埋头做加工的同时,还腾出手来干电商。小杨在多个网购平台都开设了网店,曾经上不了台面的乡土菜,摇身一变成了热销品。

2020年初,父子俩相互亮出了2019年成绩单:老杨的蔬菜基地扩大到1900亩,共做成了1500万元蔬菜生意,发给老乡们的劳务费就接近300万元;小杨的公司也卖出了300多万元农产品,电商销售额突破200万元。

"我跟广东一家企业签了笔大单,2020年每天供应5万斤蔬菜。"谈到今年要全面小康,老杨志在必得。小杨也毫不示弱,跟老杨摽着劲儿干,交出自己的底牌:占地400平方米的新工厂即将投产,不光卖村里的产品,还要把十里八乡的特色农产品销往天南海北。

(原载2020年4月14日人民日报第四版 作者:程焕)

建立"解决问题"的叙事逻辑

我们的报道对象,很大一部分是一个人、一个群体的成绩和成就,或者一个单位、一个地方的探索和实践。这类经验介绍式的工作通讯,是党报报道的一项重要内容。采写工作通讯,记者往往能获得被采访单位的支持,有提供的各种材料,这样说来,工作通讯似乎很好写。

实际上,越看似好写的内容越不好写。尤其对于工作通讯来说,往往"好写不好看,好看不好写"。"好写不好看",是指材料多了好写稿,但材料、数字用多了就像工作总结、情况介绍,不招人喜欢。"好看不好写",是因为要想写好一篇工作通讯,从选材、立意到行文,下的功夫都不会小。

怎么将工作通讯写得更可读?从人民日报原副总编辑梁衡曾发表的一篇报道中,我找到了些许答案。

《一个冷静的企业家——记石圪节煤矿矿长王森浩》,是梁衡1981年发表的一篇介绍典型人物工作成绩的工作通讯。讲的是王森浩因为在原来的矿上卓有成绩,誉满全省后荣升为石圪节煤矿矿长。而石圪节煤矿16年前就是全国标兵,16年来全员效率又一直稳拿全国冠军。王森浩怎么打开工作的新局面呢?

在梁衡笔下,王森浩到矿上第一件事就是下井,一下就发现了"矿井配套"的几个尖锐问题:原煤运输能力不够,长期超负荷运输;通风能力不达标;生产生活严重缺水。因此,他提出"第一季度先抓设备调整"。尽管有人担心产量、担心"老先进减了产"的问题,但王森浩坚决作了调整,打水井、安装新风机、安装井下皮带机……让一项项配套问题都得到了解决。

抓完"矿井配套",王森浩又大抓安全生产、大抓生活区改造。抓安全生产,有人质疑一人违章全队扣钱是搞"封建株连",王森浩作了精彩的回答:"这不叫封建株连,是同志友爱,就是要让你们互相监督,又互相关心,你忘了去年才发生的安全事故吗?安全问题不能手软!";抓生活区改造,为单身工人宿舍购置桌柜、床单,配服务员,这些当时算得上是少见的"动作",让"有些人目瞪口呆"……

在解决问题中,王森浩的形象一步一步地树立了起来。最后,记者请王森浩介绍"办矿有何诀窍",王森浩说:"一要抓调整,注意各方平衡;二要抓安全,确保工程质量,否则产量就是空的。还有一点,先进单位往往最易保守,要解放思想,敢革,敢闯。"王森浩的"经验之谈",放在一个个解决具体问题的故事之后,显得格外吸引目光,格外有说服力。我读到此处时,有一种"竖起耳朵仔细听"的认真——这难道不是工作通讯想要达到的目的吗?

工作通讯怎么才能写得更可读?《一个冷静的企业家——记石圪节煤矿矿长王森浩》这篇报道给了我们启发:要建立"解决问题"的叙事逻辑。

工作通讯介绍的是成功经验,解决的是现实问题。围绕报道主题,将人物、单位或地方遇到的问题讲清楚,将解决问题的过程讲清楚,将过程中的"斗争—反斗争"讲清楚,总体上就是一个比较吸引人的报道。

以"解决问题"的叙事逻辑来组织工作性报道,案例有很多。

全面建成小康社会是中国共产党历史、中华人民共和国发展史、中华民族复兴史上的一个重要里程碑。为此,人民日报要闻四版推出了"小家看小康"系列报道。策划这一系列报道的初衷,是小切口映射大主题,即从"小家"的变化反映"奔小康"的进程。

但是,也存在很多困难:写的是"小家",人物普通,事情微小,容易写成"家长里短";定位的是"系列",报道时间长,前后持续一年,聚焦的主要是脱贫攻坚领域,人物类型"撞车"的可能性很高……

然而,经过40多篇报道的实践,事实证明,从不同人物的独特背景出发、从遇到的独特问题入手去寻找故事,就有了个性化的角度、特色化的故事,再以"解决问题"的叙事逻辑推进,能让小人物的小故事写得有意思又有意义。正所谓:"家长里短,也有峰回路转、电闪雷鸣","类型相同,但是人物不同、问题不同"。

比如，同样是返乡创业的主题，不同的报道围绕解决各自的独特问题，写出了生动有趣的不同故事。

《翁婿种田擂台赛》讲述了女婿和老丈人比赛种田的故事。女婿想回乡流转土地，但老丈人"不忍心孩子受苦"，继而通过"种田擂台赛"的方式解决分歧。最终，女婿以"设施农业""规模农业"打败了种田"老把式"。这个故事解决的是"田还值不值得种、怎么种"的问题，故事的缘起、发展、结束都围绕这个过程展开。

《我家有个合作社》中，小姚大学毕业后不留在大城市，反而返乡参加父亲的合作社种植猕猴桃，遭到父亲的反对，但他通过所学知识，解决了种植、销售猕猴桃中遇到的各种问题，还开发了新品种，从而改变了父亲的偏见。这个故事针对的是"大学毕业生有无必要回村种地""知识如何改变农村"的问题。

《村里开了直播课》中，学金融的小赵回乡直播卖花，学习花卉知识、尝试直播带货，克服种种困难后发展壮大起来，带领村民一起致富。这个故事关注的是"老乡搞直播"这个新现象，针对的是"如何从无到有直播带货"的问题。

《我家民宿的幸福账》中，做外贸营销的小宋夫妻回村开民宿，通过解决差评风波、克服疫情影响，逐步走上正轨。这个故事关注的是民宿这个新行业，展现了一对懂网络、懂营销的小夫妻返乡创业不断发展的过程，针对的是"如何转行创业"的问题。

"小家看小康"系列报道最终一共见报44期，每个人物都有时代环境下所面临的独特问题，解决问题的过程，就是树立人物形象、展现特点、表露性格的过程。

建立"解决问题"的叙事逻辑，"问题"是牵引，"解决"是主体，要突出过程性。

人民日报政治新闻版曾推出报道《一座公厕的重建风波》，被誉为改文风的代表作。这篇报道有一个鲜明特点，就是过程详细，它聚焦一座公厕的重建过程，将相关部门4次遇阻、区里组织召开10余次协调会议、社区干部上百次家访都没能建成的过程展示了出来。

"不建，有人闹；重建，有人吵。"就是在解决这种两难问题、寻求共识的过程中，故事才能徐徐展开，读者才爱看。

人民日报要闻四版 2021 年推出的"关注基层民主协商"系列报道,也鲜明地体现了这一特点。每一篇报道都将一个地方通过民主协商的方式、解决问题的过程详细地呈现出来,"问题"在其中起到牵引故事前进的作用。以其中一篇《院坝协商记》为例,一开始就围绕协商收取社区卫生费时遇到的问题展开,在解决这个问题的过程中又遇到新的问题,然后一波又一波地通过"解决问题"向下推进讲述:

"我把自家卫生管好就行了,凭啥要交钱?"
"没听说过搞卫生还要交钱。"
"我常年在外打工,卫生好坏和我没多大关系。"
…………
一些居民逐渐被说服,可还有 60 多户居民始终无动于衷。
"为什么政府不能帮我们出这笔钱?"
"如果能保证卫生费不乱花,那我就愿意缴费。"
…………

建立"解决问题"的叙事逻辑,要求编辑记者有"发现问题的意识"和"抽丝剥茧的能力"。不会发现问题,就写不出解决问题的故事;发现了问题,还要细致分析、捋清层次,以抽丝剥茧的方式展示一步一步解决问题的过程。这个过程,就是一个讲出好故事的过程。

细节比辞藻管用

在一次业务研讨会上,有人认为某篇人物通讯质量不高,这个观点得到了大家的共鸣。

会上,大家讨论了这篇稿件为何不能让人满意,分析得出的一个重要原因是,稿件中的人物细节很少,又没有多少场景描述,同时因为版面容量原因需要删减篇幅,编辑删掉了一些内容,最后只剩下人物经历的梗概,就像一篇"人物介绍"。

人物通讯与消息不同,失去了细节就如同失去了血肉,只留下了骨骼。一具白森森的骷髅,和一个有血有肉、生动活泼的人,人们更愿意看哪一个?答案应该是后者。

身边有个故事:有一段时间北京降温,感冒的孩子特别多。几个同学家长在微信群里聊到这个话题,甲同学家长说:"医院里真是人山人海!"乙同学家长说:"是啊,我到急诊给孩子挂号,前面竟然还有169人!"

"人山人海"是形容词,"169人"则是具体的细节。前者只能给人提供一种经验性的想象,后者却能给你一个具体的参照系和场景感。"169人"显然在感染力上胜于前者。

所以,要讲好故事,必须有细节而不只是梗概、数字和词语的堆砌。同时必须指出的是,这种细节应该是特有的、特别的、特殊的,而不是大家都能想到的、以前时常接触司空见惯的、看了开头就能想到结尾的。

采访越深入,细节越陌生,故事就越有冲击力。2015年8月22日,中国青年报一版刊登了一篇特稿《牺牲》(作者:张国),作者将最有冲击力的细节

放在了文章的开头,让读者看了之后久久难以忘怀:

侯永芳在零点之前接到了一个电话,屏幕显示是儿子的号码。她对着电话喊了半天,那头始终没人说话,只有一片嘈杂。连呼吸声都听不到。

第二天她的世界就塌了。

8月12日晚,她的儿子甄宇航在天津一处危险化学品仓库的爆炸中牺牲,距离22岁生日只有一周。

甄宇航当了4年消防兵,每次出警返回,习惯给母亲报个平安。现在,哭成泪人的侯永芳知道,那个沉默的深夜来电,用尽了儿子最后的力气。

我仅仅是读完开头这4段,已经汗毛竖起、思潮澎湃,内心被很多情绪充满,然而又有什么东西堵住了喉咙,说不出来。打给妈妈的最后一通电话,会说什么呢?永远都不知道了。读者深深地走进了这个故事,共鸣文章中甄宇航对世界的眷恋、对母亲的不舍,他最后一刻想到的是母亲,却没能说上一句告别的话;共鸣侯永芳对儿子无尽的遗憾,如果知道那是儿子的最后一通电话,她一定会说很多很多的话……

然而,时光无法倒流,"永失我爱"的悲痛,让人感同身受。这段文字的力量就在于,它激发了读者的共情力,因而拥有了巨大的感染力。

作者张国接受媒体采访时说:《牺牲》靠的是白描,是事实本身的力量。我想,再进一步说,这应该是细节的力量、真实的力量。

这样的细节,被出色的记者采访发掘出来,是读者之幸,留下永远的名篇。优秀的报道,无须有意煽情,读者早已共情;无须堆砌辞藻,细节自会说话。

挖出最佳细节

编了很多人物特写和通讯，有的一拿到手，马上让人感觉兴趣盎然，只想一口气读下去，而有的却读起来磕磕绊绊，不太顺畅。

为什么会有这样的感觉，就是因为，要么故事没讲好，没找到能打动人心的细节；要么作者没有倾注感情，只是材料的堆砌。要是记者能找到一个激发读者情绪、情感的细节，报道就有了打动人的支点。

曾经向记者约过一个采访某工匠的稿件。这名工人在同一个岗位工作了十几年，经手的产品合格率是100%，他本人也被评选为行业工匠。记者采访后很快就交了稿，稿件把这名工匠的经历一五一十地记录了下来，并列举了他所荣获的各项荣誉。从事迹来看，这名工匠的确让人敬佩，可读完又觉得没有特别突出的亮点，没有跟其他工匠"不一样"的地方。刻苦、努力、细致、认真，数十年如一日地付出……记者写的这名工匠的闪光点，跟我们之前看过的许多典型人物一样。反复跟记者沟通，也问不出什么特别的细节，后来就这样刊发了。

后来，记者回到编辑部，与编辑有过一次交流。她提到，这次采访中的一个细节让自己印象很深。原来，在采访中有人直言，挺看不起这名工人，"哪怕他被评为了行业工匠，还是觉得他有点傻，在一个岗位干了那么久，图什么？"

对这个观点，记者非常不认同。她通过采访发现，这名工匠设定了自己的人生目标，一步一个脚印地把每一个都实现了；他的岗位虽然普通，但却毫无遗憾地做到了自己认为的完美，被评为行业工匠就是最好的回答。"难道偷懒耍滑和投机取巧才是聪明的表现？难道精益求精和踏实肯干就是傻？"聊着聊着，

记者和编辑触及了"应该有什么样的工作态度""追求什么样的人生目标"这些重要问题。聊着聊着,记者和编辑都觉得,之前的报道太单薄了、太单向了。

为什么会有这样的感受?因为这段采访插曲是一个非常精彩的细节,只要能把别人的不理解(公开表达)和记者的理解(心理活动)呈现出来,就有特点、有吸引力。

这段内容最终没有写入公开报道。对此,我们也能理解,毕竟在公开报道中提及采访对象"傻",尤其是来自身边同事的"杯葛",这终归不太好。但同时仍有惋惜,如果编辑能够提前和记者充分沟通,抓到这段冲突,以一种更妥善的方式呈现,一定会比见报稿更能打动人。作为最后一道关口的编辑,总希望能和记者一道,让最终的报道更精彩、更可读、更能感染人。这是编辑守土有责的一种责任感,也是力求完美的一种追求。从这点出发,我想很多记者应该能理解编辑的啰嗦、追问甚至深夜打扰。

编辑费尽心思,为什么一定要一个细节呢?因为细节对人物报道实在太重要了。没有细节,人物报道就是人物介绍。一位资深记者指出:细节的作用至少有三:能让人物"活起来"、能让人觉得"可信"、能见"思想"。他说:"'细节'在大多数情况下,是靠记者'挖'出来的。"

挖出细节,还有一个用好细节的问题。也曾有过先例,记者自认为精彩的细节,却被编辑大笔一挥删掉了。这背后,有的是因为编辑判断有误,责任在编辑;有的是因为版面空间有限,两相权衡删掉较弱的细节,属于客观原因;还有的是记者从个人经验角度如此判断,但编辑大量接触同类型稿件,认为细节与此前报道重复,因此作了删除处理⋯⋯

挖出细节,用好细节,办法唯有一个:记者和编辑之间加强沟通,一起商讨、一起合作,挑出最优素材,放大最佳细节。

讲好故事，搭好架子

好故事是什么样？这个问题可能很难回答。

不喜欢什么样的故事？这个却很容易达成一致：叙述干巴巴，过程流水账……

讲出一个好故事，需要在语言、结构等各方面，和采访、编辑等各环节下气力。语言能力的提高，需要时间沉淀和长期积累，很难毕其功于一役，只能慢慢来。但如果在讲故事之前先构思一个好的结构，往往能事半功倍。

构思结构，也就是搭架子。我还记得刚刚成为编辑时，当时的主编就说：拿到稿子，先看架子；架子过关，就集中精力打磨文字；如果架子不尽如人意，那就要多费气力了。

资深编辑如此看重文章的架子，就跟有经验的设计师重视房子的"四梁八柱"一样。文章有了好的架子，就像房子有了稳固的"四梁八柱"，不管以后怎么改造，都只是在框架基础上的"内装修"。否则，要是推倒重来的话，就是一项大工程。

从新闻实践来看，有一个好架子，有助于梳理思路、统筹材料，让采访事半功倍

2016年，我曾参与人民日报赴贵州的主题调研采访活动。出发前，确定采访聚焦贵州"弯道取直，迎头赶上"的跨越之路，选择从高科技产业到美丽乡村建设等多个领域开展调研。

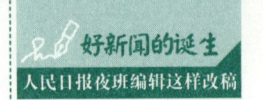

采访安排得紧密而繁忙。六七个人,坐一辆面包车,一天赶路数百公里,从一个地方奔向另一个地方。每天都在路上,路,一开始只是采访主题里提到的一个字而已。随着行走的里程越来越多,路,渐渐成了实实在在的体验。

采访第二天,我问一位芯片公司的负责人:"对你来说,路意味着什么?"他毫不犹豫地回答:"我们的路,就是创新。"这句话,就像一朵火花,一下子点亮了我的灵感:把作为基础设施的路,与作为意象概念的路结合起来,设计消息的架构,可行!

我主动找到带队领导胡果老师,提出此行采访报道能否围绕路的概念来组织故事。胡老师当即同意了我的想法:"先拿初稿。"

"对你来说,路意味着什么?"每到一处采访地,我都问采访对象同一个问题。消息的架构逐渐明晰起来——以问句作为消息开头,以采访对象回答作为内容展开,穿插新闻背景和故事细节。

搭好消息的"架子"后,采访素材有了一条主线,很轻松地就精选了三个故事:"誓言攻下芯片"的贵州华芯副总魏巍,"从收废品到开农家乐"的遵义农民陈少华,"当年10个小时出山、如今50分钟返乡"的贵阳市副市长钟汰甬。

三个故事对应三条路和三句话:"路,就是创新。""路,就是财气。""路,就是跨越。"

贵州省委书记在接受我们专访时,也主动提及路径话题。他说:"路,既是发展路径,也是战略选择。"

这句话为消息中的"创新""财气""跨越"三句答话进一步增加了理性判断和思想高度,可谓点睛之笔,既承接了消息上半篇关于路的故事,又开启了下半篇对于转型新路的探究。

这篇名为《多彩贵州走新路》的头版头条消息,以路为架子的主体部分是这样的——

"对你来说，路意味着什么？"

贵州，全国唯一没有平原支撑的省份，开门见山。行走贵州，路是我们最关心的问题。

"路，就是创新。"贵安新区，贵州华芯副总魏巍举起啤酒瓶盖大小的芯片，"小小一片，几百美金！把芯片攻下来，这条路我们必须得走。"短短一年，与美国高通合作的华芯通从协议到揭牌，高起点源代码合作，高通中国投资总部由此落户贵州。

"路，就是财气。"遵义农民陈少华，10年前走街串巷收废品，就想有辆自行车；10年后家门口搞起农家乐，进进出出坐奥迪，变化来自一条路。2014年，遵义旅游转型升级，150多公里景观公路，将小山村纳入全域旅游大盘子。

"路，就是跨越。"老钟大名钟汰甬，贵阳市副市长，当年的大学生。寒假从省城回老家，127公里盘山道，颠了10小时。如今，5100公里高速公路跃出贵州，88个县市区个个通高速，这在西部是头一份。老钟的返乡路，现在只要50分钟。

"路，既是发展路径，也是战略选择。"

守住生态和发展两条底线，培植后发优势，奋力后发赶超。贵州省委负责人话语坚定："弯道取直，才能走出发展新路。"

见报当天，贵州省委书记在报纸上批示道："稿中见人见事见理。文字不长但信息量很大。因为采访时接实践地气，才能如此鲜活，因为采编人员有理论底气，才能如此深刻。贵州日报应予转载。我省新闻工作者应予学习借鉴。"

✒ 有一个好架子，有助于起承转合、简洁行文，同时增加文章的信息量

2021年11月7日，人民日报要闻四版刊登通讯《做忠诚卫士 护万家安宁——记应急管理系统先进模范和消防忠诚卫士群体》（作者：邱超奕）。通览稿件，可以看到记者对稿件结构梳理得十分清晰。

在"面对困难 敢于亮剑"这部分里，记者用了3句话来引领案例——

"面对茫茫火海,总有人挺身而出。"
"抵御洪水灾害,总有人逆行出征。"
"打通事故矿井,总有人临危受命。"

这样的语句,我将其命名为"结构型关键句"。在新闻实践中,结构型关键句除了用来引领案例之外,还常见于评论、述评,作为"总分分"结构中的分论点。

2021年11月5日,人民日报要闻一版刊登重要述评《形成优势互补、高质量发展的区域经济布局——以习近平同志为核心的党中央推进区域协调发展述评》(作者:陆娅楠、丁怡婷、郁静娴、邱超奕),其中第一部分重点围绕总书记关于"区域协调发展的辩证法"的观点展开论述,一共用了4句结构型关键句——

这是对"点"与"面"的辩证思考。
这是对"进"与"退"的辩证把握。
这是对"取"与"舍"的辩证分析。
这是对"慢"与"快"的辩证指引。

类似的案例,还有2017年7月13日人民日报头版头条刊登的《内蒙古 骏马奔腾七十载》(作者:王一彪、陈沸宇、孔祥武、黄福特)述评消息,全文用了5个结构性关键句——

这骏马,挟风逐电。
这骏马,一马当先。
这骏马,蹄疾步稳。
这骏马,勇往直前。
这骏马,忠肝义胆。

这样的结构型关键句,省去了起承转合的多余话语,让行文简洁、结构统

一、有利于清晰地表达主要论点。

实际上，很多优秀记者笔下，设计的结构性关键句十分精彩，有的句式巧妙，有的文采飞扬，有的富有哲理，如果能常常记录之、学习之，时间久了，对于自己写报道，一定大有收获。

有一个好"架子"，还有助于创新视角，增加文章的可读性

2018年11月6日，《南北二孟擂台戏》（作者：胡果、龚相娟）在人民日报头版重要位置刊登。稿件仅900多字，讲述了两位基层党支部书记卯着劲儿谋发展的故事。

故事虽短，但引发了热烈反响。50余家网站转发。随后召开的天津市宣传思想工作会议上，中共中央政治局委员、天津市委书记李鸿忠专门点赞《南北二孟擂台戏》，号召天津宣传思想战线学习人民日报。

这则来自乡村的小故事受到广泛关注，除了文笔洗练外，还有一个重要原因，它抓住了特别的新闻点："擂台戏"。两位姓孟的村书记，在记者笔下打了一场擂台。文章一开头就这样写道：

大巨各庄，小穿芳峪，天津蓟州的两个村。一平原一山村，一南一北，村党组织书记都姓孟，互相比着干。前不久村级组织换届，二孟又双双当选村委会主任，"一肩挑"。

"打擂台"这个架子一立起来，整个讲述节奏就明晰起来。围绕二孟怎么抓发展、强党建，故事如水银泻地，轻快推进。试想，如果没有这种互相比着干的紧张氛围，只写其中一位书记，故事就流于俗套了，这样的书记故事，身边太多了、太平常了。

所以，一个好的架子，立出了一种结构上的创新，进而树立了故事的紧张感，增强了文章的可读性。

这篇报道的架子是记者预设出来的吗？不是，据记者回忆，是在闲聊中碰出来的，在路上"捡"的。

记者龚相娟说:

去年夏天,跟胡果社长去调研基层党组织建设。两天走访三个村,跟主管部门开了两场座谈会。

回城路上与当地宣传部门告别,聊起采访内容,工作人员感慨说基层工作不容易。"小穿芳峪村想修路,村里没钱,村支书自己掏腰包垫。大巨各庄村,过去有人专跟支书唱反调,现在搭班子成了好帮手。"

"两人都姓孟,都是能人回乡。"

"现在能联系到他们吗?"

工作人员现场打电话。

我们如获至宝,调头返回,又延长一天多跑了两个村。

…………

本文五个案例,都有这样的共同之处:

记者要记录素材,同时还要不断消化素材;记者在路上采访奔波,同时在心里雕琢框架;故事的结构成型于采访之中,确立于下笔之前。所谓"人动、笔动、心动"。

由此可见,写好一篇报道的关键,在于用心思考、形成思路,在于连通采访、熔铸素材。

警惕"转述式叙事"

所谓"转述式叙事",就是以"说话""回忆""介绍"等方式来分享案例和故事的一种方式。

"转述式叙事",转述者一般是新闻报道中的"人"。新闻报道涉及"人",有两种情况,一种是以写事写物为主,"人"在其中介绍情况或作为背景;另一种是以写人为主,"人"在其中是采访的主要对象和新闻的主体,需要通过故事、细节等展现其言行、特点、风格。以写事写物为主的报道中,在能说清楚事物的情况下,"转述式叙事"是常见的;但在以写人为主的报道中,过多使用"转述式叙事"分享案例或故事,就很难展现人物细节、行动特点等内容。

然而,我们在一些人物报道中,时常能看到"转述式叙事"。有的通过一两个人物的回忆、介绍和大段的引语,就能支撑起整篇报道。究其原因,可能在于"转述"省劲,而"叙事"费劲。

实事求是地说,"转述式叙事"也能出精品佳作。如果采访对象是"故事大王",说话妙语连珠,那不需要记者怎么加工,转述一下就能引人入胜,原汁原味、原文呈现,何乐而不为?

那么,为什么还要提倡少点"转述式叙事"呢?一方面,是因为"转述式叙事"太多了,报纸上过多使用同一种叙述方式,容易让读者失去阅读兴趣,而多使用一些叙事手段,也有利于丰富报道形式。另一方面,从精益求精角度来说,一些"转述式叙事"实际上有很大提升空间,通过编辑们的打磨、处理,可以改造成更可读的故事。

"人物必须被呈现,而不是描述。"美国加利福尼亚州立大学剧作教授埃里

克·埃德森在著作《故事策略》一书中也说，"单纯的陈述很难或根本不能建立强烈的戏剧张力。"埃里克·埃德森特别举例说，"主人公不能只告诉他的伙伴，反派是一个何等杀人不眨眼的杀手。观众需要在行动中目睹反派的残暴。"

改造"转述式叙事"，就是将"描述""陈述"改为"行动""呈现"。要避免从头到尾都是一两个人的情况介绍，转换叙述角度和方式，选择合适的片段进行场景重构，突出事情过程和细节。即使要引入人物介绍背景，也尽量不要整段使用直接引语。根据具体情况，要么直接引语和间接引语穿插，要么人物引语和客观叙述穿插。总而言之，要有叙事感，少点转述味。

【原始案例】

① "过去由于流程繁琐，很多项目资金下半年才拿到，却规定年底必须花完，否则就要被收回。结果每到年底，师生扎堆到财务处报销，经常可见早上6点就排起长队的'奇观'。" ××大学材料科学与工程学院副院长何某斌说。

② "为了解决报销难等问题，我们2015年推出了线上自主报账平台，老师们可以在线上填写表单并打印，附上发票并经相关人员审核、签字后再送到财务处报销。" ××大学财务处副处长王某智说，"但大多数老师做出来的报销单常不符合要求，造成返单量大，影响效率。"

③ "专业人做专业事"是解题的关键。去年10月，××大学首批20名科研财务助理正式上岗。老师们将打印的报销单连同票据一起交给学院的科研财务助理进行初审，如果没有问题，后续的审批、签字等工作就由财务助理来统一完成。

④ "每月15—20日是集中报销劳务费的时间，过去老师们经常忙得忘记报销，或卡着结束的时间过来排长队。现在我会提前几天通知，让老师们及时准备好，以免耽误。" ××大学计算机与信息工程学院科研财务助理刘某男说。

【问题诊断】

原始案例的四个段落，主要由三位采访对象的情况介绍构成，属于"转述式叙事"。仔细研究素材后发现，"转述"内容具备改造、转化为场景的基础。"年底老师扎堆报销"和"科研财务助理张罗报销"这两部分，本身具有一定的故事张力，但通过"转述"失去了本身的可读性。考虑到报道主题为"科研财务助理"，最后选择将"张罗报销"一事进行补充采访和改写。

【编后案例】

①一到每月的13日、14日，刘某男就开始在学院微信群里活跃起来了，一一@学院老师，"各位注意哈，15号开始报销，请抓紧哟！"刘某男是××大学计算机与信息工程学院的科研财务助理。别小看这个岗位，给学院老师们省了不少事。

②在科研财务助理上岗前，一到年底，学校财务处门前人山人海，早上6点就开始排长队。"过去流程繁琐，很多项目资金下半年才拿到，却规定年底不花完就要被收回，结果师生突击花钱、突击报销，于是出现了财务处前排长队的奇观。"××大学材料科学与工程学院副院长何某斌说。

③××大学财务处副处长王某智说，为解决这个问题，学校推出了线上自主报账平台，并在学院设置科研财务助理，"专业的人做专业的事"。老师们在线上填写表单并打印，连同票据一起交给科研财务助理进行初审。如果没有问题，后续的审批、签字等工作就由财务助理来统一完成。

④"每月15日—20日是集中报销劳务费的时间。过去老师们经常忙得忘记报销，或卡着结束的时间过来排长队。现在我会提前几天通知，让老师们及时准备好。"刘某男说。

【修改释疑】

第①段将原始案例中采访对象的转述内容进行场景化重构，以此与科研财务助理上岗前的情况进行对比。

第②段第一句，转换视角采取客观叙述，而不是由采访对象一说到底。后半段引入采访对象直接引语介绍情况，增加前面客观叙述的可信度。

第③段由采访对象进一步介绍情况，同时进行内容调整，主要对过程进行了压缩：将原始材料中"推出线上自主报账平台—报销单常不符合要求—设置助理解决问题"的过程进行减量，舍弃了问题环节，简化为"推出平台、设置助理、解决问题"。这是因为，编后稿第②段已讲了不少问题，第③段应该呈现

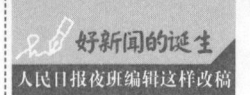

解决举措,这样连接比较自然;如果第③段在介绍措施中再夹杂一个过去的老问题,容易让读者看糊涂。通过简化逻辑线,让过程更清晰。

第④段进一步介绍科研财务助理的工作,同时呼应了编后稿第①段的场景描述。

少点"材料味故事"

与"转述式叙事"相似的,还有一类"材料味故事"。

"材料味故事",顾名思义,就是提供的故事"材料味"比较重。什么是"材料味"?就是使用文件、工作总结、情况汇报等材料里的案例较多,自己采访的第一手素材、有特点的鲜活语言较少。

采访中,对方经常提供一大摞工作案例,供我们选择,有时这些案例也会传递到编辑部。实际上,很多时候工作案例并不能直接"为我所用"。

工作案例和新闻故事大有不同。工作案例的对象是上级机关等工作对象;新闻故事的对象是目光随时飘走的读者。工作案例要求在有限的篇幅内精练地体现成绩;新闻故事要求在一定的篇幅内多样化地讲好故事,多用细节、引语来丰富内容。工作案例立足自身单位的视角来介绍工作,一般是平铺直叙;新闻故事视角多样,一般以群众、读者的视角来叙述故事,方式可以多种多样。

客观地说,采访单位提供的丰富材料,有利于增加选材范围、扩大内容广度,是我们的好帮手、资源库。但使用材料应该顾及体裁、题材的要求,否则伤害的是报道的感染力。不同类型的新闻报道、新闻报道的不同方面,运用材料的比例是不同的。一般来说,消息运用材料可以多一些,工作通讯根据具体情况也可多使用一点材料。但是,人物通讯、人物特写和各类通讯中涉及讲故事的内容,最忌"摘抄案例"和"材料味"。

如何对待"材料味故事",编辑也有所区别。有的素材离题较远,必须弃之不用,或者重新补充。有的素材虽然材料味较重,但紧扣主题,有改造空间,需要"动动手术",让其"脱胎换骨"。

那么,在编辑端可以对"材料味故事"进行怎样的改造呢?这要从材料的特点和讲故事的特点出发分析:

材料的特点在于叙述精练,公文等材料中的案例往往只有梗概,采取单向叙述方式;而新闻报道讲故事,需要细节、过程、发展、转折等,采用多种叙述方式。要将材料转化为故事,一要改变单向叙述方式,综合运用悬念、场景、特写、倒叙等进行穿插;二要为梗概式的案例增加枝叶,用细节、引语等丰富故事。

人民日报社原社长张研农曾说:"文章总是需要反复改才好。"读者见到的很多流畅故事,都是在编辑"反复改"的过程中打磨成型的。编辑就像加工原石的匠人,通过锯割、琢磨、抛光、上蜡,一步一步去除原石上的废料,一点一点地让玉石增光发亮,最后留下光彩夺目的翡翠艺术品。

【原始案例】

①×县×村的宋某从小母亲去世,受单亲家庭影响,他性格孤僻,常出现过激行为,还因伤人被判过刑。服刑期间,父亲过世,宋某的情绪更加低落,足不出户,出现厌世倾向。

②去年5月,宋某被认定为贫困户,并由二级心理咨询师李超结对帮扶。半年中,李某多次对宋某进行心理疏导,帮助他从自闭中走出来。最近,宋某开始学习驾驶,打算拿到驾驶证后贷款买车跑运输。

【问题诊断】

原始案例采取单向叙述,属于"记流水账"式,而且文字的材料味比较重,讲了一个人的事,却没有什么故事性。

【编后案例】

①×县×村的宋某最近开始学习驾驶,打算拿到驾照后,再贷款买车跑运输。这个好消息让二级心理咨询师李超倍感欣慰。

②宋某从小母亲去世,受单亲家庭影响,他性格孤僻,常出现过激行为,还因伤人被判过刑。服刑期间,父亲过世,宋某的情绪更加低落,足不出户,

出现厌世倾向（背景资料，原样保留）。很多人觉得，宋某这一生也就这样了（增加此句，目的是为了在下一句营造转折）。但事情发生了转机（转折句）。去年5月，宋某被认定为贫困户，并由二级心理咨询师李超结对帮扶。半年中，李超多次对宋某进行心理疏导，终于帮助他从自闭中走出来（增加"终于"一词，也是呼应首段的"欣慰"）。

【修改释疑】

修改后的第①段，最大的变化就是改变了之前的单向叙事。一是将原始案例中最后一段的"宋某学车"内容前提，二是通过"二级心理咨询师李超倍感欣慰"一句话留下悬念，调动读者阅读的兴趣，从而向下去寻找欣慰的原因。

修改后的第②段，保留了宋某家庭的背景资料，另外增加了两句话："很多人觉得，宋某这一生也就这样了。但事情发生了转机。"别小看这两句话，它们使第②段的叙述有了转折，不再单调。再加上第一段设置的悬念，两处阅读上的转折感，让人读来有了点味道。

【原始案例】

①一疑似为某盗窃案的犯罪嫌疑人李某从某县一商场出来，启动一辆京A牌照的大众汽车准备前往下一地。当地市民程先生看到后发现犯罪嫌疑人和平台发布的追逃信息相似，便拍了视频及照片，上传到省微信报警平台。

②平台接到信息后，某县公安机关立刻调取相关路段视频、监控，锁定该大众汽车后，民警立刻出动跟踪尾随，并在一高速路口将该犯罪嫌疑人抓获。

【问题诊断】

原始案例的第①段，是为了讲述"一键报警"等高科技手段的作用，但开篇叙述主体却多次转换，先从犯罪嫌疑人说起，让人不明其意；而后又跳转至市民程先生，却又写得过于简略，缺少场景。实际上，市民发现犯罪嫌疑人并抓拍报警，这个故事对一般读者而言有一定的陌生感，因此有改造空间。

【编后案例】

①"这个人怎么这么像通缉犯?"某县市民程先生路过当地一商场时,突然发现刚从商场走出来的人,跟前段时间公安机关发布追逃信息上的犯罪嫌疑人很像,顿时心生警觉。

②看到这个人钻进一辆京A牌照汽车要离开,程先生躲在一旁,乘其不备抓拍了视频和照片,然后打开手机微信,一键发送给了"110"微信报警平台。

③接到程先生的报警信息,微信报警平台研判后立即部署,某县公安机关随即调取相关路段视频监控。成功锁定该京A牌照汽车后,民警立刻出动,在一高速路口将涉盗窃案的该犯罪嫌疑人抓获。

【修改释疑】

经过沟通,请记者补充采访了关于程先生的内容,编辑在此基础上又进行了一次修改。

修改后的第①②段,统一以程先生视角叙述故事,并将发现的过程进行场景化再现。这两段写得非常细致,"心生警觉""躲在一旁,乘其不备"等句子,将程先生发现犯罪嫌疑人的场景写得活灵活现。

一位记者曾谈及写工作性报道的心得时说:"要从当事人而不是办事人的视角写工作。"这的确是经验之谈,是从当事人(群众)视角讲故事,还是从办事人(工作)视角讲故事,效果大不一样。

人物特写的三条底线

一篇千字左右的人物特写，如果从主人公的出生、上学讲起，等到了主人公参加工作，恐怕能写的内容已经寥寥无几。受篇幅限制，这样的人物特写不能大开大合、充分展开人物经历，也不能拉开架势、进行宏大叙事。那么，人物特写应该注意哪些问题？从人物特写专栏——人民日报"点赞中国（后改名'点赞新时代'）"的稿件编辑实践来看，我认为应把握好三条底线。

一、截取人物的独特一面，不能全面罗列

武侠小说中，密室内的高手打斗往往牵动人心，因为一触即发、拼尽全力，因为短兵相接、急促有力，因为未知结果、惊心动魄。人物特写就要像"密室打斗"一样，第一下接触就拼尽全力，不然吸引不了读者，就意味着一败涂地、无可挽回。

区区千字，如果想全面罗列人物经历、详述各类事件，恐怕将变成人物简介。因此，只能展现人物最突出、最独特、最有新闻价值的一个断面，内容紧扣一个细节、一次冲突、一个性格特征、一个最新动态，等等。无论如何裁剪选择，这个断面一定要是主人公与其他人不一样的地方。反过来说，这也是考量这个人物值不值得报道的价值判断标准。如果提炼不出人物的独特性，那也就没有报道的必要性。

曾有一个讲述离休医生吴合92岁仍坚持坐诊的故事。细读2000字的原稿，约1100字讲述了吴合医生的革命生涯，有500多字讲述了她捐资助学的经历，

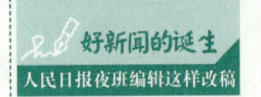

体现坐诊经历的内容不到400字。字数是个大数据,从字数可以看出,其重要性排序为"革命生涯">"捐资助学">"治病救人"。

应该将重心放在哪个方面?我们和记者进行了详细的沟通,相互打了6个电话。最后双方共同商定:还是放在体现"高龄坚持坐诊"的医者本色上。

编辑和记者紧密合作,同步对文章各作一处修改。编辑将1100余字的革命生涯压缩为一句话,让其成为主体故事的背景而不喧宾夺主。记者在半小时内紧急采访补充了一段吴合医生坐诊的现场特写作为导语。

值得一提的是,记者补充的内容准确地抓住了人物特点,通过一段简短对话,不但展现了坐诊现场,而且体现了医生严肃认真的性格。我们的生活经验中,医生看病都是争分夺秒,而记者抓取的这一细节却充分展示了主人公不同于其他医生的独特之处,因而让人物形象更加立体。记者改写的开头如下:

"哪里不舒服?""把书翻到这一页,从这里读到这里。""我现在解释你的病因,请认真听。"

说话的是陕西省友谊医院免疫变态反应科离休医生吴合,今年92岁。患者都很熟悉她看病的三部曲,也"领教"过她的严肃和认真。

"我第一次遇到让病人先读书学习的医生。"从河南来看病的李莉花了大约15分钟时间,读完关于自己病情的几页书,这本书是吴合根据多年临床经验编写的关于免疫治疗的小册子。

吴合说:"让病人读书就是要让他们了解自己的病因、病情,这对患者的自觉治疗很有帮助。"

从21岁加入地下党,后随军从医,再转业到医院,吴合参加工作一晃就已71年了。已是鲐背之年的她,依然忙碌在临床一线,每周一到周五的上午,接待来自全国各地甚至海外的患者。

二、从最近的新闻写起,不能陈旧过时

有的人物特写稿件,偏好使用"总分分"结构,先总结人物优点,再分开叙述人物的数个故事。结构本身没有问题,最大的问题是开头没有新由头、新

特点。

　　找一个时效性的由头，是人物报道最简便的开头。但时效性的开头不是简简单单的"某月某日，某人起床了"，而是要有吸引人的内容。

　　曾刊登的人物特写报道《民警张铁英冰窟救人英勇牺牲——拉回两个生命　留下一个背影》，就有一个寻找新由头的幕后故事。

　　当时，报道写来后，因为版面十分紧张，一直没能登报刊出。民警张铁英是12月19日牺牲的，但直到1月才有版面空间。是放弃这条新闻？还是继续挽救一下？

　　我们紧急搜索了相关新闻，发现就在当天，当地公布了救人视频。这不是现成的新闻由头吗？不仅使旧闻变新闻，而且还能扩充新闻容量，制作融媒体报道。于是，约请记者立即补充采访，并联系地方要来救人原始视频剪辑成片，以二维码和大图片形式在版面上呈现救人的感人瞬间。

　　这一"补救"证明很有用。夜班中，就有不少同事迫不及待地扫描二维码观看了视频。当时，此事已成网络热点，各媒体评论不少，但救人视频尚未传播开来，因此有新的新闻性、吸引力。对稿件更新由头、增加融媒体内容，值班副总编辑也予以肯定，认为抓得很有必要。

　　值得一说的是，《拉回两个生命　留下一个背影》虽然刊登晚了，但第二天在网上的转载量并不少。思考其中原因，一是因为公布视频增加了信息容量，一些媒体转载时改标题为《警察救人视频披露：拉回两个生命　留下一个背影》，也证明了这点；二是《拉回两个生命　留下一个背影》这个标题比较精彩，用对

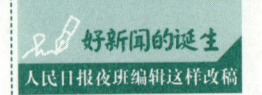

比的手法写出了生命之分量和背影之高大,"留下一个背影"表达了遗憾、敬佩之情,增添了新闻的情感容量。

三、把人物事件的转折写出来,不要平铺直叙

转折其实就是交锋、意外、悬念。故事的天敌是平铺直叙,故事的朋友是转折意外。我们有很多这样的案例。

曾刊登过一篇人物特写《一个"阳光下的秘密"》,记者从文章一开头就讲述了一个"怪人"的奇怪之处,但原因一直没有揭晓。随着行文推进,记者不断增加对奇怪之处的渲染。"怪人"的同事和徒弟都说,"天气越热,他穿得越厚实,黄色工作服把身体裹得严严实实","线路面得有五六十摄氏度。和往常一样,师父李锐从头包到脚,还戴上了墨镜",越来越大的悬念催着读者往下读。1100字的短文,记者将秘密一直留到将近第700字时才揭晓。

记者不仅设置了"秘密"这个悬念,而且突出了"吵架"这个冲突。徒弟拧"拐子"磨破了手掌上的水泡,师父"并没说暖心窝子的话",反而批评道:"一个大男人哪这么娇气!"结果徒弟"腾的一下急了:'男人?娇气?就你裹得最严实,线路上哪个不比你像男人?'"收工之后,徒弟心里不是个滋味,去师父宿舍道歉,至此发现了师父的"秘密"。

这段冲突有争执原因、场景和收尾,结尾又顺畅地承接了"秘密揭晓"。从这个过程,不仅可以看出记者在采访上下了功夫,在写作上也经过了仔细构思。

一篇千字人物特写,如果有点转折、有点意外,就会有那么点意思,读者就会记住它。

【附】

他是同事眼中的怪人,天气越热,裹得越严实
一个"阳光下的秘密"

济南铁路局临沂工务段的李锐,很长时间都是同事眼中的"怪人":天气越热,他穿得越厚实,黄色工作服把身体裹得严严实实。

李锐的徒弟郭英志，开始也觉得他很怪。"师父不但裹得严实，每次上线路干活儿，还寸步不离地跟着我。别人都下班了，他就是不让我走，非拉着做总结！"郭英志说，"我就没有一处能让他满意的，起初真的很崩溃。"

直到郭英志发现了那个"阳光下的秘密"，他从此对师父刮目相看。

那是一个盛夏的8月。那天，太阳烤着大地，线路面得有五六十摄氏度。和往常一样，师父李锐从头包到脚，还戴上了墨镜。"我在前面干着活，他穿成这样在后面寸步不离盯着我干活。我都不敢回头！"郭英志说，我拿着"拐子"在道床上拧螺丝，拐子很烫手，没干两下衣服就湿透了，手上也磨出了大血泡。

这时，李锐接过了郭英志手中的"拐子"，边干边说："拧'拐子'要用巧劲儿，瞬间发力，不累干活还快。你来试试？""师父，你不嫌热啊，这么枯燥的活儿都让你干出花来了！"郭英志略有怨气地接过"拐子"：瞬间发力！可这一用劲儿，郭英志手掌上的水泡全破了，疼得往心里钻，气得他把"拐子"扔了！

"一个大男人哪这么娇气！"李锐并没说暖心窝子的话。

郭英志腾的一下急了："男人？娇气？就你裹得最严实，线路上哪个不比你像男人？"

收工之后，郭英志心里不是个滋味，"毕竟他是我师父，也教过我很多"。当天晚上，郭英志去了李锐的宿舍，想道歉。

可当郭英志推开李锐宿舍门，眼前的一幕让他惊呆了：李锐光着脊梁，左手拿着镜子，右手费劲地从背上往下撕纸条，背上布满了脓包和血迹，那些纸条跟皮肤、脓包粘在一起，撕下时带着一道道血丝。脖子上也是这样，几乎没有一处完整的皮肤。

双方愣了好半天。李锐说："放心吧小郭，我这是日光性皮炎，不传染，治不好但也得控制。小纸条往上一粘，出再多的汗，药膏也不会被冲走。你记住，出去后可别乱说。"

"那时我才真正理解了师父的良苦用心，每次我出工，他都跟着，是想手把手地教好我。"郭英志说，"这个被我埋怨的黑瘦的男人让我懂得了什么是爱岗敬业，什么是铮铮硬汉，什么是中国铁路人的脊梁！"从此郭英志跟着师父勤学苦练，踏实苦干。现在李锐已成为了工务段平邑线路车间副主任，郭英志也

在去年被提拔成了班长。

这个"阳光下的秘密",很长时间内,师徒二人默默守护着。直到济南铁路局党委在基层一线职工里开展"讲好济铁故事"的活动,郭英志才把这个秘密讲了出来。"用'身边事'教育'身边人',用'小故事'说明'大道理',700多个涉及安全生产、运输经营、客货服务、铁路建设等各领域的感人故事就这样被挖掘出来,大家在深受感动之余,干劲儿更足了。"济南铁路局党委书记陆海霞说。

这不,今年春运开始了,李锐与郭英志这师徒俩,就又一如既往地去检修线路了。

(原载 2015 年 2 月 9 日人民日报第四版　作者:潘俊强)

多用短句写故事

"多用短句",这是很多前辈、大家都提倡并实践的理念。看一些经典报道,读来铿锵有力,正缘于短句运用随处可见。

《县委书记的榜样——焦裕禄》是中国新闻史上不朽的名篇,其中写焦裕禄到基层了解情况、观察灾情的一个段落,极为精彩。这一段全部使用短促的句子,节奏明快,让人能一气读完整段。同时,很多句子都闪烁着焦裕禄辩证看待困难的思想火花,令人不能不感慨作者写作功力之高和观察思考之深:

他到灾情最重的公社和大队去了。他到贫下中农的草屋里,到饲养棚里,到田边地头,去了解情况,观察灾情去了。他从这个大队到那个大队,一路走,一路和同行的干部谈论。见到沙丘,他说:"栽上树,岂不是成了一片好绿林!"见到涝洼窝,他说:"这里可以栽苇、种蒲、养鱼。"见到碱地,他说:"治住它,把一片白变成一片青!"转了一圈回到县委,他向大家说:"兰考是个大有作为的地方,问题是要干,要革命。兰考是灾区,穷,困难多,但灾区有个好处,它能锻炼人的革命意志,培养人的革命品格,革命者要在困难面前逞英雄。"

短句就有这样的魔力,让人读了忍不住想再读一遍。这段话中,"见到沙丘""见到涝洼窝""见到碱地"三句,有一种音韵美,简直可以朗读出来。文中焦裕禄同志的直接引语,更是一个接一个的短句子,毫无废话。读着读着,焦裕禄实干的作风跃然纸上。

几年前,人民日报头版头条曾刊发报道《贵州"解"贫》(作者:胡果、万

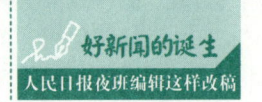

秀斌、肖潘潘、杨彦），讲述贵州脱贫攻坚中一个小村的变迁故事。全文无论写景还是述评，全以短句为主。报道见报后，很多同行和读者都表示：这篇文章读起来有节奏、有力度——

贵州"解"贫（节选）

路好，车比预计到得早。薄雾中，白墙灰瓦新砖房，不见一间杈杈房。远处，绿松林、杜鹃花，不复往日石旮旯。

海雀的春，晚了一点，却格外浓郁。

这里是乌蒙山深处，海拔2300米，距县城89公里。

"苗族大娘安美珍一家4口，只有3个碗，断粮5天了。"29年前，一份内参，惊动北京。僻远小村，由此开启减贫脱贫的绝地反击。29年过去，安美珍92岁，亮亮堂堂三间房，锅瓢碗盏满当当。全村人均年收入，从33元增到5460元，森林覆盖率，由5%升至70.4%。

海雀巨变，是扶贫攻坚贵州实践的生动样本。更多的变化，让人一路行走一路品咂。

以前爱喊穷，如今不叫穷。

88个县市区，50个国家扶贫开发工作重点县。

全省每4.4个农村人口，就有1个贫困户；全国每9个贫困人口，就有1个在贵州。

穷，是客观存在。

会哭的娃儿有奶吃。戴惯了贫困帽，冬暖夏凉，舍不得脱。

而今不叫穷，为啥？制度创新释放了干部，改革红利转变了群众，归根到底，激发了内生动力。

短句好读、有力、有意思，但是，现实中很多人却短不下来，反而一不小心就长了，有的句子长达几十个字，甚至上百个字，没一点"断句"水平还真难弄明白。扪心自问，我身上也时常存在这个问题，如果不时刻提醒自己，就会顺手不小心写出长句子。这是为什么呢？分析一下，大概有这样三种原因：

一是工作惰性使然，长句子写起来轻松，短句子需要斟酌、提炼、修改，要多费不少功夫。二是实用主义使然，有的人认同短句理念，但觉得没必要在每篇报道中都做到，重点报道可以反复打磨，一般稿件随手处理，反正最后还有编辑把关提升。三是水平的确不够，做不到语言的精练化。

长句改短，要下功夫，编辑工作中也总结了一些小方法。从实践来看，主要还是两条修改原则：

一是不要一句话表达过多层次的内容，少用"的"等连接词，尽量分开叙述。

有一篇稿件，编辑作了初编后传递到我这里，其中一段是这样的：

地处祁连山北麓的肃南裕固族自治县大河乡气候干旱，附近村庄常年缺水。从小生活在这里的顾正礼最是了解牧民缺水的困境，"清晨6点赶着牛羊去河边，天擦黑才能回家。"

这段读起来感觉句子太长，后来作了简单修改，见报时改为这样：

大河乡地处祁连山北麓，气候干旱，附近村庄常年缺水。顾正礼从小生活在这里，最是了解牧民缺水的困境，"清晨6点赶着牛羊去河边，天擦黑才能回家。"

仅仅删除了两个"的"字，长句变成短句，更不用深吸一口气读完整段了。

二是多用动词和主动句，少用"了"类可要可不要的词。

动词、主动句多的句子，既短促简洁，又有力量。被动句往往伴随着比较复杂的句式，让阅读体验不直接、不简洁。比如：

正在上班路上的他被身后疾驶而来的一辆汽车撞成脑出血。

如果增加动词，改为主动句，缩短句子后是这样的：

他正走在上班路上。不料，一辆汽车疾驶而来，一下把他撞成脑出血。

但是,也不是说不能用被动句。被动句多用在主体不明或者创造悬念的场合。比如:

他突然被一袋垃圾砸在了头顶。

有一种突如其来的意外之感,吸引读者往下继续读。这是被动句所能实现的目的。

长句改短,需要字斟句酌、咬文嚼字。人民日报山东分社社长徐锦庚写过很多报告文学,数千字的长度,却多为短句。他自述写文章的经验就是"字不逾十",这应该成为短句写作的一项标准。

自述体稿件编辑的三点反思

为反映改革带来的生活变化,编辑部推出了"我这五年"系列报道,聚焦普通人的故事,"聊聊改革带来的获得感,唠唠这五年的新变化","以身边故事标注改革时代,从微观视角见证国家发展"。

根据策划之初的设计,这个系列报道的体裁确定为人物自述,整个报道全部由采访人物的第一人称叙述组成,不加旁白,只配背景。

这对记者和编辑都提出了更高要求:一方面,记者要精选采访对象,不善言辞、语言不生动、没有故事可讲的人物进入不了采访视野;另一方面,编辑要跟记者紧密联系,对记者采访的进展和素材要有充分了解,确保记者抓到的是最鲜活的片段,也保证在编辑环节留下的是记者最得意的采访。

人物自述这样的报道形式,电视节目中用得更多,平面媒体尝试较少。像这样连续、集中推出人物自述报道,在我的经历中也不多见。正因为这次经历,我对自述体稿件的编辑进行了细致思考,其中有收获,也有教训。这里重点谈谈教训和反思,从反面提供殷鉴,以免后来人再走弯路。

第一,说人物该说的话

人物语言不可假大空,应该接地气,尤其需注意的是,讲述方式须符合人物自身特点。农民就得有土地味,市民就要像市民,知识分子就要说出像知识分子水平的话语来。

在这方面,我们的报道是有教训的。

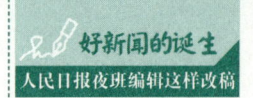

第一期报道,讲的是返乡创业农民,经过努力,克服各种困难,最终对接上党和国家的好政策,看到了希望。因为是第一期报道,我们十分重视,经过多位编辑反复修改,最终拿出了一份终稿。但没有想到的是,正因为过度修改,稿件出现了大问题。

夜班流程第一遍出样,这份稿件送到主任那里。主任大致看了一遍,立马提出了意见:"标题叫《唤醒沉睡的土地》,有几个农民说话会用'唤醒'这个词?起码也是'叫醒'。"

一语惊醒梦中人。从主任办公室回来,我开始全面排查因为过度编辑而删掉的原汁原味农民语言。

不查不知道,一查吓一跳。原来,竟然有那么多内容,要么被删掉了,要么被改成了书面语言。比如,这位创业农民引进了山东省农科院研发的包金果(梨的一个品种)优质种苗,说:"心想再不济,还能比当年混得差?"这句话,很鲜活地体现了人物不服输的精神,结果上版之前被删了。再比如,编后稿中人物在介绍自己时说"(我)是安徽阜阳的一名农民"。仔细思考,没有哪个农民会称自己为"一名农民",要说也是"一个农民","一名"就是书面语言,最后这句话改为:"(我)是安徽阜阳的农民"。类似这样的细节有很多。

这给我留下深刻的警示:在对自述体稿件的编辑过程中,不能过多改动、删除具有人物身份、特点的话语,必须从整体上、风格上全面统筹把关。符合人物风格的语言,有土味、有个性,正是求之不得的事情。

进而思考:编辑是稿件见报的最后一道关口,对稿件质量负有重要责任。这种责任,也是一把双刃剑,要慎而执之。一方面,记者遇到认真仔细的编辑,稿件肯定会干干净净见报,避免很多硬伤;另一方面,编辑也应谨慎把握手中"编"和"改"的权力,明确一道边界,那就是尊重记者创造、尊重报道对象特点,不做"过度编辑"。

第二,精选人物讲述的故事

人物讲述的故事必须经过精选,把有意思、有细节、有冲突的故事或情节,根据讲述进展进行布局和展示。

做讲述类稿件，最不可控的就是记者的采访。找对了采访对象，抓到了有趣的故事，才能写出真正吸引人的报道。没有记者的采访，编辑是憋不出来优秀报道的。"我这五年"推出了多篇报道，我们最满意的还是《我的创业梦不再"跳闸"》。从人物讲述的语言特色、细节故事，到呈现的进步逻辑、时代变化，这篇报道都有值得说道的地方。

这篇报道，一打头就说："两年前，我的厂子接到了第一单生意。"但紧接着，就是"第一单生意赔了钱"的转折，然后再顺理成章地过渡到"为啥赔钱"的原因上来，叙述上流畅自然——

两年前，我的厂子接到了第一单生意。但这第一单没挣到钱不说，还让我赔了7万多块钱。

为啥赔钱？因为半夜停电啊。我还记得，当时我媳妇哭得连饭都吃不下去。

像这样的冲突、意外，在讲述中一波又一波地出现，让人不禁为主人公的创业"捏把汗"。

第三，要有一个抓眼的开头

把最亮眼、最有特点的话语放在开头，从开头开始就形成跌宕推进的过程，一定要拒绝平铺直叙。

面对记者提供的采访初稿和素材，怎么"拎出"亮眼的细节和故事，将之合理、跌宕地呈现出来，考验编辑的能力。当然，在记者来稿中，也有一气呵成、无需修改的，这只是少数，大多数记者的报道仍然需要编辑改造这一关。

对素材进行"讲故事"的再调整，要点还是"拎出抓眼的开头""统筹推进的节奏""编织有趣的故事"三点。最需警惕的是，不能平铺直叙。同样的故事，如果能设置悬念、改变叙述方式，效果大不一样。

当然，能否讲出一个好的自述体故事，并不是按照数学公式一样，简单套用后就能实现好的结果。虽然最终呈现要依靠编采互动，但自述体故事的精彩

与否，主要还是取决于记者的基础采访是否扎实、抓取的素材是否独特。这对编辑提出的考验是，确定选题前要与记者充分沟通采访人选，确定选题后要与记者详细确定采访计划。只有准备周全，才能让后期编辑工作事半功倍。

【附】

我的创业梦不再"跳闸"

讲述人： 青海久治县青南畜产品加工厂总经理 刘思俊
采访人： 本报记者 何 聪、王锦涛

【新闻背景】

2016年底，果洛联网工程使青海省久治县全面并入国家电网，彻底告别"电力孤岛"历史，实现电力稳定。考虑到当地生态环境脆弱，果洛联网工程建设没有使用大型机械，而是电力物资骡马驮、铁塔基础风钻掏——先后从四川、贵州等地请来40余支马队，动用骡马809匹，架设索道97条用于物资运输，人工掏挖开展铁塔基础施工。

【人物感言】

从一年亏损60万元到盈利200万元，合闸通电不仅改变了我的前途命运，更是让所有无电人口走出"电力孤岛"，走向亮堂堂的未来。

两年前，我的厂子接到了第一单生意。但这第一单没挣到钱不说，还让我赔了7万多块钱。

为啥赔钱？因为半夜停电啊。我还记得，当时我媳妇哭得连饭都吃不下去。上世纪80年代，我从江苏徐州来到青海果洛藏族自治州，在班玛县一家金矿厂上班。当时给我印象最深的是，县城竟然没有电，一到晚上就得点酥油灯或者蜡烛。到了2002年，点蜡照明的日子没熬到头，工作却没了，环境整治，厂子关停。下岗后，咱失业不失志，开始自谋出路，卖菜、上工地、摆地摊，啥都干过。吃了大苦，也算是挣了点钱。

2013年，我从班玛县来到久治县，投资数百万元，建厂房、装设备，创办了青南畜产品加工厂，从事牛羊屠宰、生加工、冷藏牛羊肉零售。建厂那会儿，久治县在国家电网的版图上还是座"孤岛"。

久治县山大沟深路远海拔高，当时我们用电，要么是光伏发电，要么是小水电，但都不稳定。县城只有一座水电站，年发电量仅仅是1000万千瓦时，无法满足久治县2.17万人的生产生活用电需求。说起水电，夏天还好，可到了冬天，河流进入枯水期，河水封冻，我的厂子越冬，就全指望一台50千瓦的柴油发电机了。而小型太阳能发电设备的发电负荷低，电视机、电冰箱等家用电器没法用，更别说是企业用电。

2015年，就在这个缺电的地方，我的加工厂开始投产。前期都很顺利，第一单就拿下了24头牛的大订单。

当天屠宰冷冻，一直干到晚上，肉都已入库，我还是不放心，又整个检查了一遍，确保无误后，才回屋睡觉。可谁能想到呢，就在客户要来提货的前天夜里，竟然停电了！

冷库停止工作，导致牛肉没冻透，客户来之后，当场退货！

这真是怪不得人家。牛肉冻不透，运输途中会从中间开始慢慢坏掉。当时很多人说，你的老板梦还没做踏实，就遭遇了"跳闸"。

对我们这样的企业来说，电线就是生命线！

你看我的厂房在县城边上，从水电站拉电过来，线路长，有时候电压不够，设备的报警器时不时就会响起来。正因电不靠谱，所以我的企业一直是原地踏步。

不是不想发展，是不敢发展。一栋冷库、一条屠宰生产线，一天最多只能屠宰30头牛，有大的订单不敢接。而且，我就给你交个实底，没有大电网、没有专线之前，我一直处于亏损状态，一年亏损近60万元。

2016年12月23日，这一天对我来说是个比生日都记得清的日子。因为110千伏的久治变电站带电成功，我们有电了，再也不害怕时不时断电了。

县城通了电，国家电网还给我的厂房拉了条专线。这样电压稳定了，可以实现速冻，生鲜牛肉12个小时就能彻底冻好。这比原来的24个小时缩减了一半时间。

原来我们厂里一栋冷库、一条生产线、12个工人,现在新建了5栋冷库、两条生产线,工人也增加到了37人;牛的年出栏量由原先2000头增加至6300余头;年产值2000余万元、盈利200万元。今年,我们的目标是,年出栏量突破1万头!

(原载2017年8月14日人民日报第四版)

02

第二辑

精彩标题是 推敲 出来的

- 研磨标题，几乎是夜班不变的节奏；字斟句酌，更是夜班永恒的追求。

- 文气往往就藏在标题中，标题形象生动，文章的文气就充沛自然。

- 制作创新的标题，一定要有碰撞。新鲜的思路不可能从天上掉下来，只能靠碰撞、讨论、自我加压才能最终实现。

- 团队之间的碰撞、讨论就像搅拌机，将众人的灵感和积累搅拌在一起，发生奇妙的化学反应，让人一步一步达至制作好标题的顶端。

- 标题应该讲点格调，要有"一套风格"，做出"一点破格"，立住"一个品格"。

- 做标题要有点"段子手"精神，长期积累热词、金句、美文，心中有个"数据库"，可以随时调取"存货"使用。

- 标题的味道，主要包括趣味和韵味。趣味，是有点意思；韵味，是有点意义。趣味、韵味兼而有之的标题，是当之无愧的好标题。

- 正面宣传做出好标题，要"六少六多"：宣传味少一点，新闻性多一点；夸张味少一点，真实感多一点；同质味少一点，特殊性多一点；说教味少一点，贴近性多一点；过时味少一点，时效性多一点；古板味少一点，趣味性多一点。

"定题行文更有数"

"写文章，先定标题，行文更有数。"这句话，是人民日报社一位值班副总编辑在夜班时，与我们几位主编就稿件标题修改时说的。我印象深刻，于是记在了自己的夜班手记里。

标题不仅是文章内容的体现、亮点的凝练，而且从某种意义上说是文章结构的预言、行文走向的起点。文气往往就藏在标题中，标题形象生动，文章的文气就充沛自然。作者在写文章之前，如果对标题预先心中有数，稿件的结构、行文就能更加有底，写起来也就"一江春水向东流"了。

说起这个话题，源于夜班对当日头版头条青海稿件标题的修改。该题原为《青海扎扎实实推进生态环境保护》，后来见报标题改为《青海确保一江春水向东流》。

工作通讯是党媒的一个重要报道类型，要想这类标题做得生动活泼，往往要付出更多努力。"扎扎实实推进"这类话语，文件味较重，传播效果打了折扣。怎么做出一点意趣、味道来，就需要下点功夫。《青海确保一江春水向东流》的题目为何改得好，我想原因有三：

一是，全文讲的就是如何呵护三江源头的工作，"确保一江春水向东流"转化了这些枯燥的内容，既很诗意，又很贴切。

二是，"一江春水向东流"这句话是习近平总书记在青海考察时强调的原话。青海稿件中虽未直接提及这个事实，但编辑通过查找资料，把这句话"找回来"做成标题，回应了党中央和总书记的关切。

三是，青海就在三江源头，它好了，自然"一江春水向东流"，这个题目能

够体现方位感、历史感、责任感。

从另一个角度来思考,如果记者一开始确定这个主题,围绕"一江春水"去组织材料,料想内容会更加集中、生动。

围绕"定题行文",还有两个标题的修改,颇值得分享:

一个原题为《建设崇廉尚洁的清朗中国》。这个标题比较平稳,但略失生动。后改为《让廉成为一把文明标尺》。改后标题结构更加清晰,这样行文就能从"政治""社会"两个层面展开,论述如何"让廉成为一把文明标尺"。

另一个原题为《给法律道德一个清晰的边界》,该评论关注的是当时网络热传的"罗尔骗捐疑云"事件。这个题目后来改为《法律应是人性的低保》。这一修改十分高明。首先,"低保"比"边界"更加形象。其次,它说清了法律之于道德(人性)的位置,法律起到的是托底的作用,而这也是全文要表达的主要内容。夜班认为,这个标题如果一开始就确定下来,对于行文结构也有启示意义。

说一千道一万,报道采写上,最关键的还是要有清晰思路,要"行文有数"。行文之前,心里有数,落笔之时,胸有成竹。这个时候,有没有标题不重要,因为心中早已有文章脉络,一个好标题的产生是自然而然的。

这个标题为何被袁隆平亲友记住了

《"杂交水稻之父"袁隆平院士——一稻济世 万家粮足》版面及网络转发

在人民日报全社的2021年好标题评选中,我参与制作的标题《"杂交水稻之父"袁隆平院士——一稻济世 万家粮足》名列其中。人民日报研究部为此撰写的新媒体文章《人民日报评出2021年获奖标题,快看看好在哪儿》这样点评:肩题概括主人公的伟大成就,主题提炼其人生理想和价值追求,高度契合人物生平。"一稻"与"万家"对比强烈,给人深刻印象。

很多人说,这组报道让人印象深刻,首先是标题引人共鸣。的确,报道见报当日,"一稻济世 万家粮足"就登上微博热搜,不仅被很多媒体官微和网友纷纷转发,还被袁隆平亲友用作追悼会的挽联内容之一。

在新媒体已持续跟进追踪了几十个小时后,第二天才与世人见面的纸媒报道和标题,还能受到如此关注,这样的反响是我之前没有想到的。回顾整个编

采过程,我觉得有这样三个"精"可以概括:

有点精品意识——

2021年5月22日,袁隆平院士去世消息传来,我们第一时间就确定要重点报道。夜班时,跟记者详细沟通怎么写稿后,利用等稿间隙,我召集全体编辑开会,提出两项要求:一要查阅当天网络报道,熟悉人物故事和背景;二是统一思想、树立标准,"用'十年后也不过时'的标准制作标题——当十年以后,人们翻看袁隆平院士去世新闻时,我们的标题仍然要打动人。"树立高标准,目的就是自我施压。

当晚12点左右,记者回稿。在紧张编稿的同时,我们聊资料、说细节、谈感受。大家被院士的故事所感染,同时被一种责任感所激励。你一言我一语的头脑风暴中,关于袁隆平院士报道的第一批备选标题逐一跃上纸面——

《"人就像种子,要做一粒好种子"》
《心在最高处 根在最深处》
《那位操心我们饭碗的老人走了》
《一生永为稻粱谋》
《一粒种子魂归稻田》
《因你丰足 永无饥馑》

追求精粹提炼——

对第一批备选标题,我们进行了认真分析:

有的不太适合报纸风格,比如《那位操心我们饭碗的老人走了》《一粒种子魂归稻田》;

有的细究不太准确,比如《一生永为稻粱谋》《因你丰足 永无饥馑》,"为稻粱谋"多喻无所作为而贪恋名位,"永无饥馑"过于绝对;

有的指代不够明确,比如《心在最高处 根在最深处》;

有的早已被网络媒体使用过，比如《"人就像种子，要做一粒好种子"》。

标题不够理想，那就继续再想。在这些标题的基础上，我们展开层层思考：

第一层，能代表袁隆平的意象是什么？

他最重要的成就是"杂交水稻"，那么，"稻田""稻香""水稻""稻种""种子"，或者"稻"字，一定要在标题中有所体现。

第二层，杂交水稻的最大意义是什么？

是让中国人不再担心饿肚子，中国人的饭碗里稻米飘香。

打磨精益求精——

在之前思考基础上，我提出了一个新标题：《一稻济世 万家粮香》。

两位编辑都觉得这个标题不错。从文字本身看，"一稻"对"万家"，整齐、对仗；"一稻济世"也能展现袁隆平和杂交水稻的巨大贡献，"万家粮香"则进一步体现了中国人吃饱饭、不愁粮的现状。

思考并未止步。编辑陈亚楠提出：将"香"改为"足"，这样更能体现中国人粮仓的充足。

最后大家一致敲定：袁隆平院士报道标题定为《一稻济世 万家粮足》。

更多思考——

我曾多次复盘《一稻济世 万家粮足》标题制作的过程，因为这是一个引人思考的案例。

报纸新闻面临前所未有的挑战。在新媒体、自媒体竞起的今天，突发事件、热点新闻已成全民实时围观之态。微博评论、短视频分享、朋友圈转发，人人都是新闻的参与者，也是观点的提供者。在这样的情况下，一天一期、定时刊发的党报，能实现什么作为？突围之点在哪里？

与此同时，虽然如今新闻信息铺天盖地，但同质化现象日趋普遍，在报纸、广播、电视、门户网站、客户端、微博、微信上，看到和听到的新闻往往大同小异，题材相同、内容相似、观点相仿，甚至有些标题都一模一样。

针对当下新闻信息传播的"同而不异""巨而不精"问题，主流媒体尤其是纸质媒体，应该继续坚持"求特""求精"。

"求特"，就是独家新闻，就是独特角度、独特见解、独特思考和深刻解读。

人民日报社前社长杨振武认为："现在我们所说的'独家'，更多是以同源的新闻事件本身为依据，写出别人没有写出的独特角度、独特见解、独特思考和深刻解读。"

中国人民大学新闻学院教授杨保军也认为："除了新闻记者独家发现新闻事实，抢先报道新闻，从而创造独家新闻而获得典型的、'正宗'的独家新闻以外；近几年来媒体愈来愈重视'后发性'独家新闻的创造，即通过对众家都可发现的新闻事实信息资源的独家开发、挖掘，用独家眼光、独家视角、独家思考去创造独家新闻。"

"求精"，就是精到提炼、精辟观点、精品报道和精彩图片，实现精致阅读的体验。

人民日报地方部副主任、高级编辑费伟伟认为："报纸日益成为一种精致阅读体验，守住这份精致，才能在新媒体时代岿然屹立。"

突发新闻、热点新闻中，报纸在时效上的确慢了，但也给编辑提供了思考的空间、打磨的时间，提供了精益求精的空间。与此同时，报纸尤其是党报，对报道对象的选择、对新闻人物的评价，相比新媒体更受社会和舆论关注，更加体现主流认可和价值判断。因此，拨开纷繁的信息浮云，超越简单的事实呈现，在新闻事件中更突出价值判断，在新闻报道中更追求精益求精，党报报道一定能做出让读者点赞、爱读的内容。

媒体转型的大幕早已开启，但《一稻济世 万家粮足》的制作过程仍然证明，涵养思考的深度，坚持原创标准，突出价值判断，版面编辑依然可以做出自己的"代表作"，报纸也能继续释放影响力。

做标题讲究"研"和"磨"

研磨标题，几乎是夜班不变的节奏；字斟句酌，更是夜班永恒的追求。最近一段时间，对几个标题中个别字句的推敲，让人印象深刻。

其一，《北京治霾 再上十招》。

其中的"上"字，就是经过一番推敲的。最初的标题，是《坚持不懈，治霾就一定能成功》。应该说，原题将治霾的决心写了出来，但是并不像一个消息的标题，更像是一篇评论的题目。出于这种考虑，编辑在第二遍修改时改成了《北京治霾，今年将出十招》。与原题相比，这个标题好在有了基本事实，主体事件是北京治霾，最新信息是"将出十招"，但是这个标题里的"今年"是无用信息，可以删除。第三遍，编辑又作了仔细的琢磨，改定标题为《北京治霾 再上十招》。

从"将出十招"到"再上十招"，虽然仅两字的区别，但新标题显然蕴含了更丰富的信息。

"再上"表达了曾经有招、又来新招之意，体现了工作的持续性。从"出"到"上"，也很有意味可寻。出招显得比较普通，只是一般化的陈述，而"再上"则使出招有"力度感"、使动作"有形化"，似乎能感觉到出招的声音在"呼呼作响"。

事实上，在确定"再上十招"之后，编辑部还讨论过"再亮十招"的选项。但后来一想，还是"上"比"亮"好。"上"有出招推动、招招加码等多重意思，而"亮"只止于展示，少了"推动""加码"等丰富的层次。两者确有高下，"再上"虽简单两字，回味真是无穷。不得不说，这就是文字的魅力。

其二,《带彩麻将下岗 多彩文化上线》。

此题的题眼应为"彩"字。原题是《麻将机下岗了》,而文章讲的主要是戒赌的故事。细琢磨,麻将机只是机器,与赌博行为不能直接画等号,而"麻将机下岗了"只是反映了戒赌工作的一个侧面。"下岗"这个说法本身还是不错的,于是在编辑的讨论中留用了下来。但仅以"下岗"作为标题的题眼,却显意趣不够。经过研究琢磨,编辑发现可以将"彩"字贯穿其中作为关键字,"带彩麻将"和"多彩文化"正好对应起来,再为"下岗"配一个"上线",于是整个标题就水到渠成了。

两个例子,一个是寻找"再上十招"中的"上"字,一个是寻找"带彩麻将"和"多彩文化"的"彩"字。这是灵光一现的结果,更是细心研磨的结果,改动与不改动,差距不是一丁点儿,而其中的要诀,还是用心不用心。

七嘴八舌做标题

近日的夜班,有两个标题的制作过程,让我印象尤为深刻。一个是《他的眼里有整个星空》,一个是《结对子 找路子 挣票子》。

对于制作标题来说,什么是最重要的?这个问题的答案众说纷纭。每个人都有自己的见解。从这两个标题的制作过程来看,我认为"碰撞"是做标题的必要环节。

《他的眼里有整个星空》这个标题,原题为《他用 0.04 的视力搭建天梯》。

对于一个为了航天事业劳累得近乎失明的人来说，这个题显得有点直白，而且"搭建天梯"感觉写得有点大了。如何诗意地展现主人公的精神世界？在一番讨论过后，编辑许丹旸提出一个新的方向：《他的眼里是一整个宇宙》。

我觉得"宇宙"二字缺点意境，遂改成"星空"。结合主人公的特点，初改题为《0.04的视力，眼里却有整个星空》。其后在不断的讨论中，编辑考虑主题应该尽量凝练、简洁，后将其改为《他的眼里有整个星空》，人物相关信息在肩题体现——

（肩题）文昌航天发射场工程师周湘虎因劳累接近失明
（主题）他的眼里有整个星空

《结对子 找路子 挣票子》一题原为《河南虞城人大代表助力脱贫攻坚》。作为一篇工作性报道，原题一是有点平铺直叙，不太可读，二是字数偏多，版面上不好看。

编辑们一番讨论，共同认为这是一个"结对子"的行为。发动大家一起想，编辑胡安琪又提出来：可不可以做成《"结对子"带来"钱票子"》。这个题目不错，比原题有了提高，但是也有两个缺点：一是"钱票子"属于生造词语，二是这个题目没能写出路径，即致富的过程。

我们在讨论的基础上，最后改主标题为《结对子 找路子 挣票子》，结合相关信息，最终的完整标题为——

（肩题）河南虞城人大代表助力脱贫攻坚
（主题）结对子 找路子 挣票子

总结两个标题的制作过程，不可否认，灵感和积累是制作标题的重要因素，两者缺一不可。但是，从我们的经历来看，团队之间的碰撞、讨论也同样重要，它就像搅拌机，能将众人的灵感和积累搅拌在一起，发生奇妙的化学反应，让人一步一步达到制作出好标题的顶端。

新思路的开拓，需要灵感的激发。个人灵感的产生，取决于个人的积累。

但是,一个人埋头苦想,和一群人热烈讨论,结果大不一样。碰撞、讨论,每说出一个自己的点子、创意,就像是让其他人站在自己的肩膀上攀登一样,最终的目标,是峰顶、是云端——甘为人梯,愿为佳题。

还应注意的是,在这种碰撞过程中,须营造一种不怕说错、鼓励发言的氛围,编辑也要放下害怕说错、担心说浅的顾虑。参与者只需要贡献一个角度、一个侧面、一个词语甚至一个字,就有可能启发其他人。这就是"头脑风暴""七嘴八舌"在制作标题中的重要性。

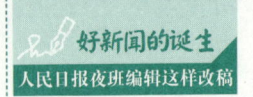

标题的格调

一直在思考一个问题：做标题是不是只追求关注度就可以了？

君不见，新媒体标新立异的标题已成套路，也的确实现了流量引入。但是，所谓的"不转不是中国人""快转！跟你的钱包（健康）相关！"等标题，无非就是一锤子买卖，虽然提升了打开率，增加了点击量，最后留下的却是读者的一脸鄙夷，点开后就立即关闭。这样"骗点"的标题，失去了基本格调。

新媒体（客户端、微信公众号等）的新闻布局是一条摞一条，这条新闻标题低俗，随手划到下一条新闻，只不过是手指划一划的事情。然而，对于报纸、电视台来说，如果一条低俗的新闻标题出现，可能会被截屏、留存，直至数年后还被人提起。做有格调的新闻，这是主流媒体必须承担的社会责任，也是自身应该具备的职业道德。

标题应该讲点格调。具体来说，就是要有"一套风格"，做出"一点破格"，立住"一个品格"。

要有"一套风格"

内部评选好标题时，一般会将所属部门、版面遮住、隐去，以保证公平公正。但是，有的标题风格如此明显，一眼就能看出是谁做的、来自哪个领域或版面。《"散装美国"酿成抗疫失败苦果》，一看就跟国际版有关；《(肩)陕西历史博物馆有一支壁画修复团队（主）一寸一寸，追寻千年时光》《出发，向着曳曳星空》，一听就带着文化味、科技味，来自教科文领域，来自文化版；《会说话的黄瓜卖得好》，讲的是二维码追溯技术保障食品安全，形象生动，一猜就与社会版有关。

环顾各个版面，根据各自版面风格、主编特点，一般都形成一套标题上的制作风格。文化版总有一点文化味道，读起来意蕴深长；社会版轻松诙谐，常常嬉笑怒骂；政治版庄重大气，要闻版稳重大方。这些风格形成后，就像武侠小说中的各门派，都有一门属于自己的绝技，同时又不断学习其他派别武功，博采众长，最终一专多长。

形成一套风格有什么用？首先，对于集体而言，有利于营造品牌期待、形成风格标识。其次，对于编辑个人而言，能在擅长的领域打下坚实的基础。如果编辑能在自己工作范围内的版面、领域，不断围绕一个或多个风格锤炼自己，形成词库、语库，以后遇到这一领域的文章，不说信手拈来好标题，起码也能提供多种方案。

做出"一点破格"

破格，实际上就是创新。创新易谈，实际难做。具体到制作标题上，破格，就是打破惯有的思路，开辟新鲜的思路。

思路就跟灵感一样，看似虚无缥缈，实际也有路径可循。思路的起点十分重要，往哪个方向去思考，决定做成一个什么样的标题，这是第一步。然后需要"打开"研讨氛围的"大门"，进行头脑风暴、带动碰撞。制作创新的标题，一定要有碰撞。有的人是自己查阅资料或者调动记忆，进行自己跟自己的碰撞；有的人是张嘴说出来，一字一句都跟同事商量，激发众人的灵感。无论哪种，只有碰撞才能做出破格、创新的可能。新鲜的思路不可能从天上掉下来，只有靠碰撞、讨论、自我加压，才能最终实现。

立住"一个品格"

时下受网络冲击，似乎点击率更重要，品格不太重要。但其实，正因如此，主流媒体更不能失去品格，随波逐流。越是泥沙俱下，越能显出珍珠的晶莹洁白。

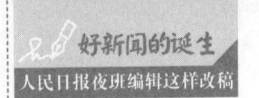

品格一词较为宏大,属于理念层面而非技术层面,坚持起来并非易事。一次标题制作,无法轻谈坚持了什么品格;而上千次标题制作之后再回望,如果做到了不媚俗,方可称之为有品格。

一题一境界

查询资料，意外看到新闻前辈、人民日报原总编辑范敬宜[①]接受人民网采访的新闻《离基层越近，离真理也就越近》。其中提到关于范总成名作的一段标题往事。

范总的成名作，是改革开放初期发表在《辽宁日报》上的述评文章《莫把开头当过头》。这篇文章敏锐地指出，不能把刚刚开头的农村改革、包产到户，说成是资本主义倾向、是改革过头了。

范总提到，时任辽宁省委第一书记任仲夷专门点评过这篇文章的标题：

《莫把开头当过头》发表的那天，（辽宁）省委正好开农村三届干部会议，《辽宁日报》一出来，舆论一片哗然：现在都这个样子了，还说没有过头，要什么样才过头？《辽宁日报》怎么能登这样的文章？我那几天不在沈阳，文章发表以后又去采访去了，这是后来才知道的。最后任仲夷出来表态，他说，我认为范敬宜这篇文章没有任何不对，我完全赞成他的意见，只是标题还不够劲，原来标题就是"莫把开头当过头"，他说应该加上"莫把支流当主流"。他这样说的，结果这个话跟《人民日报》的题不约而同。

---

① 范敬宜（1931—2010年），当代著名新闻工作者。1951年开始从事新闻工作，历任《东北日报》（后改名《辽宁日报》）和《辽宁日报》编辑、农村部副主任、主任、编委等职务。1983年任《辽宁日报》副总编辑。1986年任《经济日报》总编辑。1993年任《人民日报》总编辑。

我后来查了一下,《莫把开头当过头》刊登于 1979 年 5 月 13 日的《辽宁日报》,《人民日报》于 1979 年 5 月 16 日进行转载时,将标题作了修改:

《辽宁日报》记者述评尊重生产的自主权政策现状时指出
分清主流与支流 莫把"开头"当"过头"
各级领导干部要解放思想,保证生产形式自主权的关键,要坚定不移地
落实党的方针政策

从标题上看,一方面新加了肩题和副题,点出稿件由来和意义,另一方面在主题上增加了一句"分清主流与支流"。

为什么《人民日报》转载时要加上"分清主流与支流"呢?为什么任仲夷也认为应该加上这句话呢?这就要从报道内容和时代环境去感受了。

这篇述评报道主要内容讲的是,三中全会确定的方针、政策,如尊重生产队自主权,在基层才刚刚开始贯彻,有些同志就叫嚷什么"强调自主权过头"了。而记者扎实调查后发现,农村干部和社员认为有了自主权,"农村活起来了",同时"在贯彻尊重生产队自主权政策的过程中,阻力还是很多的"。因此,"尊重和保护生产队自主权的工作,现在只能说刚刚开头,没有理由可以认为已经'过头'"。

从这里可以看出,"开头"和"过头"的问题,主要是针对"尊重和保护

生产队自主权"来展开的。更进一步思考,这实际上是一个在当时时代背景下"解放思想"的大问题,考验各级领导干部如何看待客观形势、如何正确贯彻党的政策。强调"分清主流与支流",意在提醒领导干部认清形势、解放思想。与"莫把开头当过头"相比,在指导意义上更进了一步,在针对范围上更广了一些,也像任仲夷所说的更"够劲"了一些。

  一处标题修改,折射了报纸编辑的大局观、时代观。

好题助稿上头条

一篇人物报道，因为一个精彩的标题，被值班主编一眼选中，而后，又被总编辑亲手"提拔"，放到头版头条。这是我亲身经历的一件往事。

2013年6月16日，我值守人民日报要闻四版夜班主编岗。刚刚到位，值班主任就告知，有一批采访道德模范候选人的稿件传到了公共稿库，"你选一篇"。

从上往下翻了一下稿库，我一眼就看中了山东分社记者潘俊强写的报道。当时，潘俊强是从总社分配到分社不到一年的年轻记者。在总社时，潘俊强跟我在政治新闻版编辑室一起共事了半年。

但我选用他的这篇稿件，与曾经共事的背景毫无关系，而是因为，这篇稿件的标题做得实在太精彩了，让这篇稿件从当天所有备用稿件中脱颖而出，让人不得不选、必须选。

这篇稿件，写的是山东省济南市长清区归德镇77岁老人刘成德与雷锋的故事。

1961年，刘成德和所在部队的战友分乘两艘船出海执行任务。返航时，一艘船不幸触礁，刘成德发现后，立即脱去棉衣，纵身跳入冰冷刺骨的海水里，终于把救生大绳送到失事船只上的战友手中，救起了落水的战友们。

因为这次救人壮举，刘成德被部队荣记二等功，并于1962年2月作为先进模范代表与雷锋共同参加了沈阳军区首届共青团代表大会。其间，二人聊得十分投机，雷锋在刘成德的笔记本上写下了赠言："亲爱的刘成德战友，你是优秀的共青团员，是我永远学习的好榜样……战友雷锋，62年2月22日。"

1962年8月15日，22岁的雷锋离开了人世。刘成德悲痛不已，他触摸着雷锋的赠言，决心"一辈子用行动来学习这位战友"。从此，刘成德无论是当兵，还是转业、退休回家，一直坚持助人为乐，不间断行善做好事51载（截至报道时）。刘成德说："我是'二传手'。我得过雷锋真传，自己践行了，还要传下去，相信会有越来越多的人学雷锋……"

就是这样一段故事，应该怎么做标题呢？

其实，当时一些媒体已陆续开始报道刘成德的事迹。这些报道的标题是这样的：

《山东人刘成德：雷锋学习的榜样》
《刘成德：雷锋，你的嘱托我都做到了》
《济南刘成德曾跳海救战友、被雷锋称作学习的榜样》
《雷锋战友刘成德传承善举50年》
《刘成德：一辈子学雷锋做雷锋》
…………

然而，潘俊强传来稿件的标题是这样的——

《雷锋学他一次　他学雷锋一生》。

与网络上的其他标题相比，这个标题不可谓不高。"雷锋学他"和"他学雷锋"，"一次"和"一生"，虽然很简单，但这个标题能达到让人流连忘返、反复诵读的效果。

当晚夜班，我在值班主任指挥下，对稿件正文作了少许修改，就将稿件放上版面。然而，出第一遍大样没有十分钟，就接到值班主任打来的电话："从版面上撤下小潘稿件！"什么？听到这里我惊讶极了，正想脱口而出"为什么"，电话那头解释："被'提拔'到头版了，而且是头版头条！"

这真是极罕见的情况。除一版以外其他版面的报道，有时能被值班总编辑看中而放到一版，但往往都在除头条以外的位置——这是我们经常遇到的。然而，"一飞冲天"直接"坐到"头版头条，的确很少见。

后来我才了解到，这是总编辑亲自做出的安排。值班副总编辑指出，"（这）为夜班不拘一格定头条做了一个示范。"

这次"破格安排"，也极大地鼓舞了记者和编辑。从此大家知道了，只要精心采写优质稿件、精心制作优秀标题，会有"不拘一格上头条"的一刻。

像"段子手"一样做标题

这样一组图文,可以做出哪些题目?

除了见报的《云雾绕山间 红瓦缀田园》,编辑还想了这些标题:

《田园灵秀　雾似轻纱》
《雾过青山　田园陶然》
《雾漫村边　阡陌田园》
《远望层林　坐看云起》
《山峦阡陌　闲看云烟》
《田园缀红瓦　轻雾绕屋前》
《田舍伴沃野　云雾绕山间》
《云雾抱山间　红瓦缀田园》
《云雾漫村舍　青山郭外斜》

编辑实践长了,会发现在某种程度上,制作标题就像"段子手"在做"文字游戏"。

身为做标题的"段子手",要长期积累热词、金句、美文,心中有个"数据库",遇到不同情况,大脑里灵光一现,可以随时调取"存货"使用。这种"文字游戏"要求"段子手"对文字、词语的排列组合谙熟于心,对同义词、近义词、

反义词信手拈来，对比喻、拟人、排比、对偶和押韵等心中有数。

从来没有天生的"段子手"，都需要后天的不断练习；也少有天才的"段子手"，而需要不断的积累储存。所以，每次遇到金句一样的好标题，我都用一个小本子记录下来。

日积月累，收藏了很多好标题；岁月流逝，这些好标题依然让人眼前一亮。有的标题如此精彩，甚至让人忍不住读出声来。

有的标题通过押韵，让人感受到了意趣——

《长征五号　直破云霄》
《既已出发　何惧倒下》
《梧桐树已栽，看你来不来》

细品这些标题，《长征五号　直破云霄》将主要新闻事实写了出来，读来有铿锵之感；《既已出发　何惧倒下》精练地表达了红军踏上长征路时的视死如归，读来有豪迈之情；《梧桐树已栽，看你来不来》讲上海为引进人才发布"30条"新政，读来有俏皮之味。

有的标题通过词语、词组的对偶、对比，体现了一点意思——

《增速滑坡，中国电影如何"爬坡"》
《官念淡一点，振兴快一点》
《准备做在风前头　干部守在风里头》（肩题："海南迎战14级台风'莎莉嘉'"）
《汛期事事不放心　百姓时时得安心》

"滑坡"对比"爬坡"；"淡一点"对比"快一点"；"风前头"对比"风里头"；"事事不放心"对比"时时得安心"。每一组对比都恰如其分，引人阅读、引人思考。

还有的标题富有思辨色彩,充满了意蕴——

《不走程序的事,走不下去》
《别把"落实到人"变成"推给个人"》
《生产必须安全,安全才能生产》

《不走程序的事,走不下去》讲的是处于城郊接合部的云南昆明市官渡区金马街道,经济基础不错、集体资产不少,但往届"一把手"连同下级多人同时"落马"。当地为破解村居"三资管理"的难题和减少权力寻租的空间,从规范权力运行机制和加大信息公开力度两方面抓起,让程序硬起来。"不走程序"就"走不下去",鲜明地体现了新规的力度。

《别把"落实到人"变成"推给个人"》从地方为扶贫干部保障不够、动辄问责讲起,提出"扶贫责任要落实到人,但不等于将责任推给扶贫干部个人"。不仅在扶贫领域,在很多地方,"落实到人"变成"推给个人"的现象都多多少少出现过,正因为其针对性,这个标题才能引起共鸣。

《生产必须安全,安全才能生产》是全国人大常委会安全生产法执法检查的随行采访记。"生产"和"安全"两个词语,仅仅是顺序和连接词作了调整,就表达出了两层意思,也有了更多的思考空间。

什么样的标题是好标题?这个问题没有标准答案。但从上述好标题的特点出发来总结,有一点是能达成共识的:

那些有点意趣、有点意思、有点意蕴的标题,那些能让读者眼前一亮、能在读者脑海中盘旋的标题,肯定是好标题。

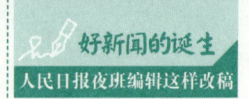

正面宣传如何做出好标题

正面宣传是党报报道的一个重要品类。正面宣传的导向性强，是落实党和政府工作部署的手段；做好正面宣传，是党报的一项重要工作。

长期以来，这类报道的标题存在"三低"问题：时新性低（无时效）、特殊性低（同质化）、可读性低（套路化）。

"题好文一半。"正面宣传的标题做好了，传播力也能更上一层楼。从我们的实践来看，立足事实、寻找价值、做出味道，正面宣传也能做出好标题。

一、立足事实：巧妙展现信息

事实维度被认为是标题标准中的一个基础维度。标题要源于文章、高于文章，这也是编辑功力的体现。

好人好事是新闻报道的一个重要领域。见义勇为、爱心捐款、扎根基层、养老助残……好事千千万，好题不多见。好事如何做出好标题？需要找出"这一个"的特殊之处，发现与"那一个"的不同之处，综合分析制作标题。

患病仍坚守岗位，这样的新闻很多。如何做出新鲜感呢？《一个"阳光下的秘密"》，描述了一位隐瞒患病消息坚持巡线的铁路工人。将"秘密"截取出来，将矛盾挂上主题，使标题既特殊又神秘。对某一方面进行截取，加上悬疑式的处理手法，格外吸引眼球。

有一段时间，微信传递爱心的新闻非常多。第一次遇到，这样做标题：

"触网"救助白血病学子,师生校友快速筹款 30 万元
朋友圈画出同心圆

第二次遇到,这样做标题:

鄂尔多斯小面馆老板一条求助微信,引来无数爱心
一碗面 一群人 一座城

《朋友圈画出同心圆》这个标题,肩题概括信息全面、表达凝练;主题节奏明快,"圆"与"圈"结合亮眼,不仅网络、报刊转载未改题,同题报道也无超越,如新华社为《生命里最重要的"朋友圈"》,中青报为《"朋友圈"画出"爱的同心圆"》。

《一碗面 一群人 一座城》这个标题,将"面""人""城"的概念由小及大延伸,颇有画面感,也被不少媒体借鉴,有媒体转载时是这样做的标题:《一碗面 温暖一座城》。

二、寻找价值:态度一锤定音

人民日报读者大多重"态度"和"风向"。说治国理政应说的话,作大众关注的判断,认定一种价值,展现一种态度,往往能做出好标题。

曾刊发的《把"朋友圈"还给朋友》《让"公众号"更有公信》,就充分体现了对事件重要性的挖掘:

即时通信工具里有害信息如何甄别、监管?服务商、网友热议
把"朋友圈"还给朋友

即时通信工具公众号如何健康运作?信息发布有何规矩?运营者、专家谈
让"公众号"更有公信

这组稿件针对的是即时通信时代带来的传言谣言、有害非法信息问题。第一篇稿件，原标题为《让"朋友圈"更干净》。对此，我将标题修改为《把"朋友圈"还给朋友》。相比"干净"这个难以界定范围的词语，"还给朋友"则指明了回归原本的功能，更通俗易懂；朋友圈和朋友的表述，肯定了社交工具的积极面，贴合读者心理，也十分朗朗上口。从党报的立场和态度上看，我们想要表达的意思处理得更为精确、稳妥、有力。《让"公众号"更有公信》，原题为《"公众号"，是工具更是责任》，略显生硬，改为"更有公信"后，与前一篇"还给朋友"形成一致，有态度也有意思。

2014年4月6日，要闻四版推出报道，介绍清华大学化工系学生在百度百科上与恶意修改词条者作斗争的故事：

6天被修改36次，清华化工系学生捍卫PX"低毒"描述

PX，一场特殊的"科学保卫战"

肩题中，两个数字凸显过程反复胶着、学生昼夜努力。主题中，"科学保卫战"鲜明地彰显了人民日报作为主流媒体对学生捍卫真理、宣扬科学的褒扬态度和导向。这一标题也在同题报道中率先打响了"修改PX词条＝科学保卫战"的概念，纸媒、网站转载时多数未修改，4月20日央视《对话》栏目报道这一新闻时，也直接使用了《PX：科学保卫战》的标题。

人民日报上，有态度的精彩标题层出不穷——

广告满天、低价营销、爆雷跑路，校外培训行业乱象频发

这是做教育，还是做生意

学习重刷题、评价重考试，校外培训质量参差不齐——

这是教知识，还是教套路

中消协关注互联网平台大数据杀熟等行为

算法不能变算计

这些标题，态度明确，立场鲜明，既传递了信息，也传达了导向。

三、做出味道：悦读意味深长

标题的味道，主要包括趣味和韵味。趣味，就是看了后能让人会心一笑；韵味，就是看了后能使人有所回味。趣味，是有点意思；韵味，是有点意义。

趣味、韵味兼而有之的标题,是当之无愧的好标题:

云南省峨山县推进老旧小区改造
要拆围墙 先去"心墙"

北京加快发展智能网联汽车,构建适度超前政策管理体系,让乘客——
坐聪明的车 走智慧的路

山西大力发展村级光伏电站
"太阳出来就赚钱"

一个好的标题,能让读者怎么样?

能让人情不自禁从嘴角露出微笑,能把目光停留下来反复朗读甚至读出声来,能在忙完一件其他事情后仍然记起这个标题……做一个独特、新鲜的标题,让读者看在眼里、记到心里,让跟进报道者、转载新闻者无路可走、唯有模仿跟随,这才是做标题的最高境界。

事实证明,正面宣传也能做出好标题,只要做到——

宣传味少一点,新闻性多一点;

夸张味少一点,真实感多一点;

同质味少一点,特殊性多一点;

说教味少一点,贴近性多一点;

过时味少一点,时效性多一点;

古板味少一点,趣味性多一点。

新闻小标题制作的三个原则

在新闻理论学中,小标题被称为分题,是指插在新闻或文章中的标题,区分于大标题,俗称小标题,因其插在文中,又被称为插题。

从受众心理学上分析,2000字以上的新闻作品,都应该制作小标题,通常在3个及以上。这是因为面对密密麻麻的文字,读者很容易产生阅读疲劳,严重的甚至放弃阅读。"研究表明,受众对每段文字的字数容忍限度是10—15行。如果一行28个字,则为300个字左右,对报刊类出版物,每行10—12个字,其限度为15—20行左右……否则会让受众产生无趣单调之感。"[1]

通过制作小标题,相当于为读者做了一次内容梳理,其作用有三:

一是,让读者可以在最短时间内对报道的整体内容和结构一目了然,使其在心理上增加阅读的操控感;

二是,借小标题这个"跳板",读者既可开展跳跃式的选择性阅读,又可选择感兴趣的段落开展深度阅读,增加了读者选择的开放性;

三是,在视觉和心理上化长为短,使读者建立起充分的阅读自信,尽可能避免因半途而废而造成的传播效果中断。

小标题的这三点作用叠加,使读者在面对长篇稿件时,能够有效地构建阅读的心理优势,从而提升阅读兴趣。

---

[1] 吴飞:《新闻编辑学》第88页,浙江大学出版社2000年版。

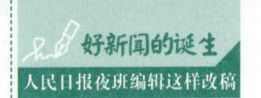

✏️ 写作要求看小标题——结构感、逻辑感、视觉感

小标题制作与主标题制作，有同有异。

相同点在于，两者都需谨遵制作标题的基本规范，比如，突出新闻价值、字数适当控制、文词精当、题文一致等。不同点则在于，小标题制作须遵从3个原则：结构感、逻辑感、视觉感。

结构感——对读者来说，瞥一眼主标题就能了解这篇报道的大致内容、最大亮点，主标题起到的是"点睛"的作用。小标题对于所描述的章节来说，同样是起到点睛作用，不同的是，它对于整篇报道来说，更具有"大纲"的意义——只要读者把小标题串起来读一遍，就能够大致清楚文章的结构、内容、主线、亮点。这种结构上的"纲举目张"功能，是小标题的独特之处。

反过来思考，这种结构感的要求，事实上也是编辑记者在写作或编辑稿件时谋篇布局的一种客观需要。也就是说，如果编辑记者在面对稿件之前，能以小标题为主线在结构上作提前构思，这种整体上的考虑可以让行文思路更清晰。

逻辑感——小标题是调查、特稿等文章的"纲"，从更高要求来说，这种纲必须具备一定的内在逻辑感，比如事件的"发生、发展、高潮、结局"，或者"是什么、为什么、怎么办"等。小标题的这种逻辑感，既直接体现了文章行进的脉络，也间接呈现了报道的采访过程。如果一篇报道的小标题让人感觉前后不连贯、逻辑不清晰，则从一定程度上反映出其前期采访准备不足，后期写作思路混乱。

视觉感——在结构感、逻辑感基础上，视觉感是对小标题制作更高的要求，即形式美感。对小标题的视觉感来说，最低要求是格式统一，即肩题、主题和副题的搭配使用，保证小标题格式一致；更高要求则是，达到句式结构、修辞手法甚至是语言风格的统一。

✏️ 常见手法看小标题——4类技巧可供参考

小标题制作和主标题制作一样，根据文章内容不同，制作手法千变万化，属于"八仙过海，各显神通"。要明确一个"放之四海而皆准"的制作方法，那是不可能的。但从编辑实践出发，却可以大致总结一些常用技巧和手法，不求每篇稿件都能"套用"，但确实是针对不同类型稿件制作小标题时可供参考的一种选择。针对不同类型稿件，大概有这样 4 种技巧和手法——

（一）设问作答式

设问作答式标题，顾名思义，以问答的形式展开，紧扣读者关注点和质疑点来提炼"焦点"问题，然后精选有价值的信息点，对有疑虑的读者进行针对性的"答疑"。这种制作方式，一方面能突出疑问、问题，吸引更多读者关注；另一方面能呈现调查结果，增加信息量。设问作答式，常见于求证类、探究类、质疑类报道，报道内容是读者带有疑问的、未知欲知的。

人民日报政治新闻版文章《智库导航，让他们更了解中国》，曾报道 12 名美国高级官员在清华大学培训一周的新闻。编辑是这样制作小标题的（ABCD 字母为笔者所加，以便于阅读）：

A. 怎样确定参训官员？
　唯一要求是美方须为高级官员
B. 本次培训最关注什么？
　美国人关心中国决策的过程
C. 如何向美国官员授课？
　举他们能感受到的例子去思考
D. 想达到什么样的效果？
　民间智库做两国关系"管道工"

分析此文编辑思路：首先，美国官员来华培训，是一个让普通读者感觉很新鲜的新闻——怎么选拔出来的？来学什么？怎么学的？能学到东西吗？这是自然而然的几个疑问。其次，怎么制作标题才能满足读者的疑问？编辑认为，设问作答式是最适合的小标题形式，我们可以看到，通过快速扫视这 4 个小标

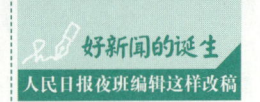

题,在不需要阅读全文的情况下,读者既能快速对接自己的疑问,又能基本掌握整篇报道所要呈现的内容,获得相应解答。

除此之外,各类争议新闻、疑点事件的求证报道,也适合制作设问作答式小标题,比如人民日报要闻四版《求证》栏目报道《哪些LED灯适合推广?》的小标题:

A. 疑问一:南京试点LED路灯为何未达预期?

【调查】驱动技术不成熟影响寿命;节能不如高压钠灯,价格高了两倍

B. 疑问二:LED灯使用效果如何?

【调查】景观照明及室内照明用LED灯技术较成熟

C. 疑问三:LED路灯目前适合推广吗?

【调查】不掌握高端技术,价格偏贵;缺乏检测标准,质量参差不齐

D. 疑问四:如何发展LED照明产业?

【调查】应加强标准化工作,加大技术研发,规范LED产品招投标

(二)亮点引用式

亮点引用式,一般多见于对话类、人物类报道。这类标题主要是从采访对象的话语中,撷取最精彩的亮点作为标题,可以是该采访对象透露的独家信息,也可以是极具个人魅力的一句话;可以是归纳总结,也可以是直接引述。

比如人民日报报道《对话陈佩斯:喜剧,教人智慧地走出困境》,编辑所使用的就是这类小标题:

A. 喜剧精神

不妥协、有智慧地走出困境

B. 喜剧套路

"燃烧"观众有法可循

C. 喜剧教育

从厘清观念、搭建故事入手

在这类小标题中,上述小标题是对采访对象陈佩斯所讲内容中"亮点"的归纳总结。除此之外,还有直接引述的,比如人民日报一篇人物报道《佟丽华:一个公益律师的跋涉》的小标题是这样的:

A."一次咨询可能改变一个人的命运"
B."选择公益事业不是一时冲动"
C."现在和以后都不可能放弃公益事业"
D."专职公益律师还停留在自发阶段"

把采访对象的话语原汁原味地做成小标题,更能体现其个人魅力。

(三)系统推进式

系统推进式,主要用于展现新闻采访的调查过程,或者表现事件的发生、发展、高潮、结局的过程,以及人物的出生、成长经历等,多见于循序渐进开展采访、抽丝剥茧呈现过程的成就性报道、事件性报道。

比如人民日报报道《城乡接合部党建怎么抓?广安探索区域合建新模式——综合党委攥紧基层"十指"》,使用了如下的小标题:

A.(肩题)困难——
(主题)城乡接合部"空白点"多
(副题)社会组织、流动人员易成党建"空白点",组织对党员也出现一定程度"失控"

B. 变化——
组织关系转入综合党委
"顶层设计"强化综合党委管理,吸纳辖区内各单位党组织力量,变垂直结构为平台结构

C. 算账——
资源共享推动优势互补
以前表彰农村党支部只能发个"本本",现在归拢各支部经费开会,奖品足

了、腰板直了、劲头大了

D. 未来——

探索建立完善约束机制

未来应赋予综合党委一定的职能权力，并与党风廉政建设结合，让片区群众评价成为党员干部考评的重要指标

通过4个小标题，可以清楚地看出记者调查的逻辑脉络："困难"→"变化"→"算账"→"未来"。先调查此前存在哪些困难，然后了解改革带来什么变化，通过"算账"分析改革的效果，最后将目光放眼未来谈问题、说改进。这条清晰的脉络，既是记者调查的逻辑线，也是文章的精神线，这种系统推进的结构同样体现在了小标题上。

（四）评论总结式

评论总结式小标题，常见于长篇综述、年终特稿、成就性报道等。这几类报道，一般要站在全局的高度，通过梳理、观察、回顾，呈现观点、表达看法、体现成就。

比如人民日报综述性报道《改革进入"深水区" "顶层设计"呼唤政府改革》，就用了这样一组小标题：

A. 扩大民主，政府改革的目标

让民主决策、民主监督的创新实践不断科学化、制度化

B. 转变职能，政府改革的主线

正确界定政府与市场、企业、社会的关系，是改革首要问题

C. 廉政建设，政府改革的必然

政府改革，就要从破解自身的不足、纠正自身的错误做起

结　语

本文所述4个常见手法，只是编辑经验的一般性总结，所起的也仅是借鉴

性作用。针对不同类型的报道，在制作小标题时可以有 4 个常见手法"套用"，但更多时候，还是要具体情况具体分析。

事实上，对于小标题制作，业界一直有两种说法：一种是详尽派，提出小标题要做足报道章节的亮点，可以肩主题搭配或主副题搭配，主题必须文词简练，突出亮点，而肩题或副题须对主题详细补充，字数稍长没关系，关键是亮点要做足；另一种是简约派，提出小标题只是区隔文本的一种"物理"手段，应以最简单的短语或句子表现章节亮点或内容，尽量避免肩、主、副题的搭配。

其实，文无定法，无论是详尽派还是简约派，在标题制作上都不可能存在一成不变的做法和一劳永逸的思路。每一个标题的出炉，都必须根据具体报道的具体特点来灵活应对。对于每一名编辑来说，做好标题，最重要的还是日积月累和不断创新。

（文章刊载于《新闻实践》2012 年第 8 期，略有删节）

03

第三辑

火眼金睛是出来的

- 同一处差错，你能看见，别人看不见，这就叫本事；不仅看见了，而且能说出个所以然来，这就叫水平。

- 编辑坐镇最后一道关口，重点要把好文字关。其中，很多时候是分寸关，体现在，新闻事实不能夸张夸大，不能不合时宜。总之，就是不说过头话。

- 新闻容不得半点造假、夸大，话说过头哪怕半分，也是百分之百的造假。

- 数据方面的问题，往往极隐蔽。数据有其视觉特殊性，容易让人看岔或看漏，因此尤需仔细对待。

- 编辑既要做专家，也要做杂家。做杂家，就是要对天文地理等各类知识都略知一二，不一定需要知其为何不对，但必须知其可能不对，知道如何核查、在哪儿核查。

- 编辑虽然只是"略知一二"，但必须"满腔热忱"，投入"全部身心"。

- 在夜班，"多嘴"是个好品质。这里的"多嘴"，实际上是有疑问提出来，不带任何包袱、不受任何压力地讨论，气氛开放、平等。

积累千日，纠错一时

一位资深编辑曾写过一篇关于夜班的文章，其中说道："编辑就是补漏者，有经验的夜班编辑可谓补天手。那火眼金睛扫一眼报纸版面，便能于万字蝌蚪文中，挑出隐藏很深的'李鬼'来。你问他怎么就有这等功夫？他只说就感觉那地方比较扎眼。"

能否看出哪个地方"扎眼"，第一考验的就是个人的知识积累。同一处差错，你能看见，别人看不见，这就叫本事；不但看见了，而且能说出个所以然来，这就叫水平。隐藏在本事和水平背后的，主要是个人的经验增长和知识积累。

夜班中，曾遇到一篇稿件这样写道：

××社区党支部书记××说，××社区户籍人口加流动人口接近8万、2万户，还有千余家商家和企事业单位，又紧邻铁路客流最大的东客站，是该市人口密度和流动性最大的区域之一，工作千头万绪，仅凭25个工作人员和25个网格员，忙不过来。

程序已经走到最后一道，我读到这一段时，总感觉哪里不太对劲。再读一遍，终于发现了问题所在——

××社区算得上是一个超大社区了：户籍人口加流动人口接近8万人、2万户，还有千余家商家和企事业单位。可是，这样大的社区难道只是一个党支部？

根据《中国共产党章程》，"企业、农村、机关、学校、科研院所、街道社区、人民解放军连队和其他基层单位，凡是有正式党员三人以上的，都应当成立党的基层组织""党的基层组织，根据工作需要和党员人数，经上级党组织批准，分别设立党的基层委员会、总支部委员会、支部委员会"。

而根据《中国共产党支部工作条例（试行）》，"党支部党员人数一般不超过50人。"综合各种党内法规，党员人数50人以上、100人以下的，设立党的总支部委员会（党总支）；党员人数100人以上的，设立党的基层委员会（党委）。而从报道中关于该社区人口的描述来看，很难想象社区内的党员总人数不超过50人。

虽然当时已是凌晨，我们还是拿起电话联系记者。记者叫醒采访对象核实后反馈：对方身份实为党委书记，此处是接受采访时的口语表述。

所谓"养兵千日，用兵一时"。编辑的知识积累也是如此，"积累千日，纠错一时"。我想起多年之前，还曾遇到一个典型案例，真正体现了积累的重要性。

某一天，版面刊发一篇重要文章，原文首句这样写道："文化的力量，内蕴于民族的生命力、创造力和凝聚力。"

签最后样前，编辑们感觉这句话读着有点不流畅，于是着手查找资料。

正查着的时候，我们突然接到值班主任电话，告知总编辑刚刚来电，对该文提出意见。原来，总编辑看大样时也认为这句话可能不太准确，他提出："着重查查党的十六大报告。"

编辑根据线索一查，果然，在党的十六大报告中，原文表述是这样的："文化的力量，深深熔铸在民族的生命力、创造力和凝聚力之中。"

夜班结束后，编辑们互相谈了两点感受：

一、总编辑就是榜样，要不断加强学习：重点学习重要论述、表述，学习党的文件——当你感觉文章某句引述不到位时，能知道在哪个具体文件中查找，这就是老编辑的理论功底。

二、须臾不可放松，时刻保持警惕：越是重要的文章、越是经过多道程序把关的稿件，越不能掉以轻心——既要相信经验，也不能放过心中"咯噔"一下的感觉。

年份数字随手查，文件地名须警惕。

人名职务要核对，陌生说法不大意。
重要引文查出处，标题正文要统一。
安全出版守程序，感觉不对议一议。
…………

在工作中，我们把核校的要点编成了打油诗，既贴切合适，又朗朗上口、便于记忆——这，正是积累的成果。

话不过头,言须克制

编辑坐镇最后一道关口,重点要把好文字关,其中,很多时候是分寸关。

分寸,在《现代汉语词典》里的意思是"说话或做事的适当限度"。把好分寸关,在内容上主要体现在,新闻事实描述要实事求是、恰如其分,不能夸大夸张,不能不合时宜。总之,就是不说过头话。

不说过头话,首先要慎用"最字牌"话语。

一些人在接受采访时,为了突出成绩、吸引关注,介绍情况时容易夸大夸张,经常说出"销量全国第一""全国率先推出改革举措"等话语,编辑有时一晚上能处理四五个"之最"的问题。最为拙劣的"之最",当数编造事实,不是"第一"自吹自擂成了"天下第一"。为防止这类错误,编辑遇到"之最"必须细细核查。

比较难处理的,是一些加入各种限定语的"之最"。如今统计门类五花八门,各种数据令人眼花缭乱,限定语稍有变化,对象就发生改变。比如,"中大型SUV销量冠军""中大型豪华SUV销量冠军""中大型新能源豪华SUV销量冠军",三项冠军得主就并非一家。很多时候,企业等机构热衷于搞文字游戏,自封第一,为自己贴金抹粉。因此,如果不是文章的重要案例、支撑论据以及拿得出板上钉钉的权威依据,在报道中,一般不宜使用"最佳""最好""最高级""最著名""第一""之最"等具有强烈评价色彩的词语。

话说过头,容易滑向假新闻的深渊。这并非危言耸听,因为大多数过头话,都有作者或多或少"有意为之"的因素。而且,很多人对说过头话抱有一种不以为然的态度,认为正面宣传夸大一点,无伤大雅。这其实是极为错误的想法。

新闻容不得半点造假、夸大，话说过头哪怕半分，也是百分之一百的造假。

湖南永州日报副总编辑蒋剑翔讲过一个令他印象深刻的"过头新闻"案例。

某报刊登了一则农民传唱《千字歌》的短消息，讲述某县为加强农村精神文明建设，组织编写农民思想道德建设《千字歌》，并印成小册子发放到农民群众手里的故事。

蒋剑翔说："就这么一件事，却被作者渲染得有些使人生疑了。"

原来，消息这样写道："最近，××县的田间地头，到处传唱着农民思想道德建设《千字歌》。"《千字歌》印成1万本小册子发放到了全县农民群众手中，受到农民群众的普遍欢迎。农民们串门走亲戚，还时不时要蹦出几句：'敬老爱幼，传统美德……文明农户，争相建设！'"

蒋剑翔提出疑问：一个县的田间地头"到处传唱《千字歌》"，谁相信？莫说是农民，就是专业歌手，洋洋一千个字的"口号歌"，就那么容易传唱吗？且不说《千字歌》是否真的受农民群众的"普遍欢迎"，"农民们串门走亲戚，还时不时要蹦出几句"显然是有些想象和故弄玄虚了。

这些质疑针针见血。这条《千字歌》消息的问题，就在于用语没有分寸，夸张过头。像"到处传唱""普遍欢迎""时不时要蹦出几句"这样的词语和句子，任何读者读到后都会在心底打几个问号、冒几个疑问。满篇过头话的新闻报道，犹如四处埋雷的阵地，读者不可能满怀信任地阅读下去。

还有一个"过头新闻"的历史往事。在中国共产党新闻网上，有一则周恩来总理批评记者的故事。

1961年，周恩来总理出访归来，第二天报道说"周总理神采奕奕地走下飞机"。看到报道，周恩来总理叫值班秘书把记者找来，说：我们共产党的干部都是人民的公仆，现在我们连饭也吃不饱，我周恩来作为国家总理，居然还"神采奕奕"？这样宣传"上不合乎国情，下不安于民心"。

可见，不讲过头话，不仅是个文字问题，还是个讲政治的问题。

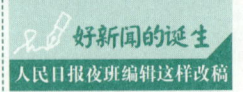

职务简称，慎之又慎

预防各类差错，有一类要重点注意，因为这类差错一旦出现，承担的责任比较重大，这就是职务差错。

分析这类差错的原因，有的是因为采访对象职务变动，没有及时反馈给记者和编辑；有的是因为记者采访时误听或者误记，之后又没有核实确认。

此外，还有一种原因，是记者或编辑对各级官员的职务简称不太了解。职务简称有约定俗成的要求，不能随心所欲地减去职务中的字词。我们应该通过不断的知识积累，尽量避免这类差错。新闻报道中，大概有六类常见职务易出现简称混淆或错误。

一、是"全国人大常委会（副）委员长"，不是"全国人大（副）委员长"

不可将"全国人大常委会（副）委员长"简称为"全国人大（副）委员长"，也不可将"省人大常委会（副）主任"简称为"省人大（副）主任"。各级人大常委会的委员，不可称作"人大常委"，应表述为"人大常委会委员×××"。

"常委会"三个字不能省略。全国人民代表大会常务委员会简称"全国人大常委会"，是中华人民共和国最高国家权力机关——全国人民代表大会的常设机关，行使国家立法权。全国人民代表大会常务委员会由委员长、副委员长若干人、秘书长、委员若干人组成。

在有些媒体上，还能见到"××是人大常委"或"人大常委××"的说法。这样的说法是不正确的，因为人大常委会没有"常委"这个职务，只有"委员"。

二、是"自治区党委书记",不是"自治区委书记"

在一些媒体的报道里,偶尔会见到"自治区委书记"的说法。记者也许认为,既然有"省委书记",那自治区的书记也可叫"自治区委书记"。

"中国共产党××自治区委员会书记",正确规范的简称应该是"自治区党委书记"。在自治区一级,书记是自治区党委书记,常委是自治区党委常委,"党委"二字不可省略。究其原因,除了是惯例外,也有人提出,这是要与县级的"区委书记"有所区分。

三、是"××县委书记",不是"××县县委书记"

我们常在报道中见到县委书记和县长的职务,有的简称"××县县委书记""××县县长",还有的简称"××县委书记""××县长"。

以秭归县为例,究竟是"秭归县委书记"还是"秭归县县委书记",是"秭归县长"还是"秭归县县长"?这个问题看似很小,但我们又经常遇到。有人说,都对。也有人提出过不同的意见。到底该如何简称呢?

回答这个问题,就要回到县委书记和县长的全称上来。

还是以秭归为例,县委书记的全称是"中共秭归县委员会书记",县长的全称是"秭归县人民政府县长"。明白了这个全称,在这个基础上进行简称,就好办了。

"中共秭归县委员会书记",逐一简去"中共""员会",就是秭归县委书记。"秭归县人民政府县长",简去"人民政府",就是秭归县县长。因此,"秭归县委书记"和"秭归县县长",就是最规范的简称。

所以,如果"秭归县委书记"写成了"秭归县县委书记",那肯定是错的。但是,"秭归县县长"能否写成"秭归县长"呢?答案是可以,因为这就相当于将"秭归县县长"再次进行简化,简去了秭归县的"县"字。

不过,有一种特殊的情况,我们也常遇到,有的县名就是一个字,其县委书记应该怎么简称呢?在这种情况下,可以重复"县"这个字,比如山东省单县县委书记、江苏省丰县县委书记。

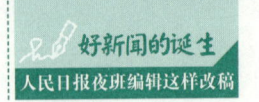

四、是"乡(镇)党委书记",不是"乡(镇)委书记"

在生活中,常见到老乡们叫乡镇的"一把手"为"乡(镇)书记"或者"乡(镇)委书记"。这样对吗?

日常生活中叫"乡(镇)书记""乡(镇)委书记",只是一种口语上的简称。但在报纸等公开出版物上,规范的简称应该为"乡(镇)党委书记"。

五、是"村委会主任",不是"村长"

我们常在一些报道中看见"村长"的说法。严格来说,"村长"是过去对一村领导者的俗称,如今在公开刊物上再使用"村长"的称呼,则属于错误用法。

根据《中华人民共和国村民委员会组织法》,村民委员会是村民自我管理、自我教育、自我服务的基层群众性自治组织,由主任、副主任和委员共三至七人组成。

因此,村民委员会由主任带领,简称为"村委会主任"或"村主任"。"村长"的简称无依据。

六、是"村支书""村党总支书记""村党委书记",不是一概都称"村支书"

根据《中国共产党支部工作条例(试行)》规定,农村等凡是有正式党员3人以上的,都应当成立党支部,村党支部全面领导隶属本村的各类组织和各项工作。农村党支部的书记一般简称为"村支书"。

但是,有时采访中会遇到较大的村,党员人数超过50人甚至超过100人。这样的村所成立的党组织,就可能是党总支(党员人数超过50人)或党委(党员人数超过100人),其书记如果仍被简称为"村支书"就不对了。

因此,记者在采访的时候,应该搞清楚是"村支书",还是"村党总支书记"或"村党委书记"。

诗词歌曲，错而不知

"五十六个民族，五十六只花，五十六个兄弟姐妹是一家……"

这是多么熟悉的旋律，又看似多么熟悉的歌词，几乎轻轻一哼，就能流淌出来。

夜班时，我们就遇到了这句歌词。

读者诸君，我想问你们三个问题：

一、你们能看出这句歌词有问题吗？二、这句歌词有几处错误？三、怎么确定这句歌词的错误？

如果自感困难的话，请往下看。

这句歌词，一共错了三处。

第一处："五十六个民族"应为"五十六个星座"。

第二处："五十六只花"应为"五十六枝花"。

第三处："五十六个兄弟姐妹是一家"应为"五十六族兄弟姐妹是一家"。

我们的编辑在网络搜索引擎上检索后不放心，专门找到原唱 MV 查看字幕，最后确定了正确的表述。

还有一类差错，发生在千古传诵、家喻户晓的诗词上，有一定迷惑性。

读者诸君，我再考你们一个问题：

从你们的记忆来看，是"只缘身在最高层"？还是"自缘身在最高层"？

很多博闻强识的读者可能觉得，这不简单得很？原诗出自王安石《登飞来峰》，应该是"自缘身在最高层"。诗句补充完整，叫"不畏浮云遮望眼，自缘

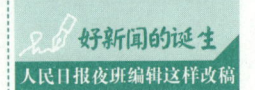

身在最高层。"

但实际上,我们经常遇到稿件作者将"自缘"写成"只缘"的情况。这是因为,稿件作者受到了另一首脍炙人口诗句的影响,即苏轼的《题西林壁》,其中这样说:"不识庐山真面目,只缘身在此山中。"

看,"自缘身在最高层"和"只缘身在此山中",句式相近,但用的词语不完全一样,因此具有迷惑性,容易让人产生记忆偏差。

此外,还有一句著名的诗句,偶尔会有用错的时候。那就是李白《行路难》里的"长风破浪会有时"。有的文章中,会将这句诗写作"乘风破浪会有时"。这样写可以吗?

从引用规范的角度来看,当然不能这样使用。李白原诗即为"长风破浪会有时,直挂云帆济沧海"。因此,不能对其进行自以为是的改造,引用的话,应该完整引用。

其实,李白的这句诗是用典而来,出自《宋书·宗悫传》:"悫年少时,炳问其志,悫曰:'愿乘长风破万里浪。'"这也是成语"乘风破浪"的出处。

那么,还有没有近似的其他诗句呢?后来,孙中山写过一副言志联:"愿乘风破万里浪,甘面壁读十年书"。但是,这仍不能说明"乘风破浪会有时"这个说法是正确的。对于引用的各类诗词,我们在工作中应该细究来源,把住文字关口,杜绝"乘风破浪会有时"这类修改个别字词的说法出现。

曾经有个试验,将一段文字中的词语打乱顺序,让大家来看,却并不影响阅读,就是因为人有阅读惯性,跳过或错过个别字词也不影响阅读。阅读上的这种惯性,很容易让人在熟悉的内容上栽跟头。

在工作中,我们要警惕这种阅读惯性。越熟悉的论述、诗句、歌词,越要放慢阅读的速度,以审视的目光扫描它们。因为说不定,在某一处就"埋着"一颗"地雷"。

数据不准，谬以千里

数据方面的问题，往往是极隐蔽的问题。

其原因有二：一是没法一眼看出差错，需要记者或编辑仔细核对，付出一定的努力；二是数据有其视觉特殊性，容易让人看岔或者看漏，因此尤其需要编辑人员更加仔细地对待。

数据案例中，让我印象最深的是一次与差错"擦肩而过"的经历。

某篇稿件，有一句话："近64万余名人员……"第一遍编辑时，我感觉"近"和"余"重复，应该删除一个字。略加思忖，我还是决定让编辑打电话向记者确认。

不料，记者一听，立马说：这段材料里的数字错了，不可能是64万！记者反复核对后，确认应该为6.4万余人。

6.4万余人和64万余人，相差约58万人。更让人后怕的是，64万余人的信息，我们本是想做上标题的。

原来，这段材料里的数字，都是被采访地方所提供的。难以想象，如果不是材料中的"近"和"余"因误用而被我们发现，如果我们顺手改为"约64万人"而没有给记者打这个电话，如果就这么做上了标题而见报……很多个"如果"，不敢往下想。

听一些记者说，遇到的"材料坑"不少。

同一个活动，主办方在之前给的材料，和当天给的材料中数据竟然完全不同；不同的领导发言中，引用的数据也不同。追问主办方，得到的答复却是：我们通过两种不同的统计方法得出的数据有差异，所以两个数据都没错。

数据上的错误，主办方能找到"完美"的借口，但白纸黑字印出来的报纸却找不出任何借口。唯有一条"金科玉律"，那就是千万不可轻信有关部门提供的所谓权威材料、权威数据，一定要多方核查，确保万无一失。

史实难核,仍要细究

有一篇稿件,文中提到:"陆定一同志……曾写道:'十月里来秋风凉,中央红军远征忙;星夜渡过于都河,古陂新田打胜仗。'新田,即乌迳镇新田村。"

广东乌迳镇,恰好有个新田村。"新田,即乌迳镇新田村"的判断,来自地方的党史专家。他们很确凿地表示,诗词中提到的"新田",就是广东乌迳镇新田村。

有专家加持,也有地名为据。我们选择了相信。

在最后付印前,我让编辑作了最后一次外网核对。编辑惊叫着喊我:"还有一个新田!"

原来,除文中提到的广东新田村外,还有一个江西新田镇。两个新田相距甚远。

这个新田镇具体在哪里呢?就在诗词中提及的江西信丰县古陂镇旁边。据查,红军当时在古陂镇和新田镇都有战斗历史。

"星夜渡过于都河,古陂新田打胜仗。"于都、古陂、新田三个地名就在相连的两句诗词中。作者会不会把广东新田和江西于都、古陂放在一起写呢?有这种可能,但是,从常理推断,作者更有可能写的是江西的三个地方,而且这三个地方离得不远,符合原诗中提到的星夜渡河去打仗的过程。

限于资料,夜班最终也没能确定陆定一诗词中提到的"新田"究竟是江西新田镇还是广东新田村。但稳妥起见,夜班决定将此处诗句删除,消灭了这处隐患。

近年来,我们相继迎来新中国成立70周年、建党百年等重大纪念活动,报道中时常涉及中国共产党史、中华人民共和国史、改革开放史和社会主义发展史等内容。越是这个时候,越要认真、严谨对待,不能让错误内容出现在媒体上。

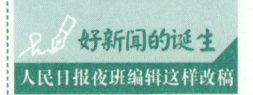

天文地理，领知一二

夜班时，一篇文章中有这样一句话："论发达程度，广东有全国领先的制造业集群和发展活力澎湃的粤港澳大湾区。"签完最后样，我又注意到这句话。

有问题吗？乍一看，没什么问题。但总感觉哪里不对，于是提出来，请几位编辑斟酌、议论一下。

一位编辑说：似乎没问题，制造业集群、大湾区都在广东……

他的话音未落，自己突然感觉不对，立马改口：不对不对，大湾区不是广东一家的，是粤港澳三家一起的。

是的，这句话的问题就在这里。

于是，我们改为："论发达程度，广东有全国领先的制造业集群，地处发展活力澎湃的粤港澳大湾区。"

区域包含问题，是地理领域常出现而又容易被放过的差错。比如，在另一篇稿件中，一位采访对象说："欢迎更多香港人特别是香港青年到深圳、到粤港澳大湾区创业就业。"这句话，就把深圳和大湾区两个本来包含的概念对立起来，犯了地理错误。因此，应该改成"欢迎更多香港人特别是香港青年到深圳创业就业"。

作为编辑，几乎在每篇稿件中都能遇到天文地理、方位场所等问题，因此，掌握一些相关方面的基础知识很有必要。

比如，应掌握国内行政区划排序。在一些综合稿件中，如果没有特别的原因，省份一般按照行政区划排序。有的人说，省份排序太复杂、太难记了。其实，国内行政区划排序（除港澳台外）有一套内在逻辑，是按华北、东北、华东、华中、华南、西南、西北的顺序排列，相当于绕着全国转了一个圈，这样记起来就方便了很多。

比如，应掌握港澳台相关地理知识。台湾是中国的一个省，在任何文字、地图、图表中都要特别注意不要称其为"国家"；多个国家和地区名称连用时，应格外注意不要漏写"国家和地区"字样。在国际活动中介绍我国情况时，应称中国或中华人民共和国，不能称"大陆"。报道国际活动时，不能把台湾和其他国家并列，而应称为"中国台湾"；与港澳并列时称为"港澳台地区"或"台港澳地区"。

…………

有的时候，编辑在发现差错过程中所运用的知识，让一些人感觉不可思议："你们是从哪儿、什么时候知道的这个知识？"编辑可能也说不清从哪儿得来的知识，但不管怎样，这样的知识在很多时候起到了很大作用。

比如，有一篇稿件曾写道："从广州到武汉的1000多公里高速路，他们一天就走完了。"夜班时，一位编辑却果断地说：从广州到武汉的高速路，没有1000公里。我们用导航软件查询后发现，果然，三条路线都达不到1000公里，只有900多公里。也许还有其他路线，但编辑的质疑提醒了夜班：联系记者，请对方给出一个确凿的出发和到达地点，再复核一下高速路里程数——这样的"较真儿"，确保稿件万无一失，避免读者产生疑问。所以，知道类似"广州到武汉的高速里程不到1000公里"这样"千奇百怪"的知识，的确能起到瞭望差错的作用。

一位新闻前辈曾说：编辑既要做专家，也要做杂家。我理解，做杂家，就是要对天文地理等各类知识都略知一二，不一定需要知其为何不对，但必须知其可能不对，知道如何核查、在哪儿核查。

是的，编辑虽然只是"略知一二"，但必须"满腔热忱"，投入"全部身心"。

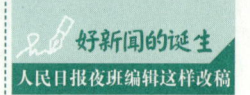

多嘴编辑，意外之功

"多嘴"，似乎是个不太好的词语。

形容一个人"多嘴"，就是批评他爱管闲事、爱说闲话。可在夜班工作中，"多嘴"是个好品质。

夜班中的"多嘴"，实际上就是有疑问就提出来，大家不带任何包袱、不受任何压力地讨论，气氛开放、平等。

人民日报总编室的一位老主任曾提出："不要放过任何一个让你'咯噔'一下的地方，把那个不对的感觉说出来，让大家议一议。"我将其简化为了八个字："心中咯噔，多嘴问问。"这个观点对夜班工作非常实用，一定要公开说出这个"咯噔"的感觉，不然有些"咯噔"很容易就被自我消化了，错过发现重大差错的机会。

最近，就连续遇到了两个非常典型的例子。

一篇报道里提到一个文件《关于全面建立困难残疾人生活补贴和重度残疾人护理补贴制度意见》。初读，大家都没发现问题。再读，我觉得哪里不对。意见二字前面，是否缺了一个"的"字？我说出来请编辑们一起分析，他们也觉得可能少字了，赶紧查询，果然，原文件名字里有"的"字。

第二天，又遇到了同样的情况。一篇稿件里提到不少国家的名字。其中，"安提瓜"引起了我的好奇，于是多问了一嘴："大家听说过这个国家吗？"编辑们都摇头说没听说过。那就查查在哪儿吧。结果一查才发现，原来根本没有"安提瓜"这个国家，正确的国家名字叫"安提瓜和巴布达"。正因为这个"和"字，让记者把它当成了两个国家。

这让我不禁想起多年前的一个案例。

当年，某地记者写来一条消息，其中采访了某地领导，文章写道："××在说……"我移动光标，立刻就要删掉"在"字。突然想起来，如果此人名字就叫"××在"呢？我问另一位编辑："这个稿件咱们没有动过吧？记者有什么留言吗？"虽然得到否定的答复，我想再"多嘴"一下也无妨，于是打电话给记者确认。记者回答："'××在'这三个字，就是他的名字！"记者告诉我，幸亏我问了他，避免了误删，此前别的媒体在报道时，就曾删掉了这个"在"字，让采访对象及所在单位很不高兴。

一句"多嘴"的追问，杜绝了一次重要的错误。可见，"多嘴编辑"也常能得到意外之功。

04

第四辑

新闻感觉是 积累 出来的

- "新闻是复杂的",意味着不能用"非黑即白"的想法去写稿,也不能用"是好人还是坏人"的思维去定稿。

- 在互联网时代,利益多元、角度多样、观点多变,一则新闻、一块版面、一段视频,不一定会向记者报道的方向发展,也许会有网友在意想不到的角度提出质疑。

- 找问题要找典型案例,不炒作极端个案;说问题要为解决问题,不止于揭露批判。

- 热点热点,背后都有热门的痛点。趁热好打铁,趁热也好解决问题。发现问题、报道问题,推动解决问题,这是媒体的社会责任所在。

- 既要引导舆论,实现影响力的波峰,又要稳妥发言,不能成为舆论的风波。

- 记者主要负责采写,但在发稿前也有编辑稿件的责任。编辑主要负责修改稿件,但也要时刻保持新闻敏感,以一种潜意识的状态寻找新闻线索。

- 热点事件、突发新闻中,编辑和记者"撸起袖子一起干",共同啃下一块"硬骨头"。次日,重磅报道推出,记者名满天下。然而,编辑却微微一笑,事了拂衣去——这种大隐于市的感觉,也可算编辑的一种成就感吧。

中外编排都讲平衡

一位知名报人曾有一个观点。他认为，我们身处于一个"复杂中国"。长期观察和比较各国状况后，他得出结论：中国的复杂性超过一般国家。

的确如此。对于编辑来说，现在很多事件都有其特殊的复杂性，新闻也是复杂的。

"新闻是复杂的"，意味着不能用"非黑即白"的想法去写稿，也不能用"是好人还是坏人"的思维去定稿。尤其在互联网时代，利益多元、角度多样、观点多变，一则新闻、一块版面、一段视频，不一定会向记者报道的方向发展，也许会有网友在意想不到的角度提出质疑。

因此，在夜班中，编辑必须思虑周全，要顾及新闻人物、新闻事件的复杂性。在面对一篇稿件时，多想一想会不会在报道后被解读出其他意味；在面对一块版面时，往深处思考有没有可能被误读误解。一名成熟的编辑，应该前后思量、全面考虑，及时应对、主动调整。

曾经编辑过一篇人物报道《一碗来不及吃的生日面》，从内容上看就是一篇"复杂新闻"。夜班中，编辑没

有采取单向度、"低级红"的简单报道方式,而是作了全面考量,努力使报道效果达到最平衡、最优化。

夏永,湖北监利的一名交警,将"工作看得比命还重"。在49岁生日的第二天,他因忙碌过度,导致做过手术的心脏不堪重负,突发心脏病而牺牲。

这则新闻引发的思考是复杂的:

医嘱要他术后休息3个月,但因工作紧张,他4天后就回去上班了。他的敬业精神令人钦佩,这是新闻的一个层面;但同时,他这种面对身体健康的态度,是否应该提倡呢?

"他对自身健康的态度,是否会被人质疑",这是编辑在夜班时深入思考后的防御性分析。有没有读者这样想?大有可能。这意味着,编辑必须考虑这则新闻的两个层面,不能不顾读者感受而一味去讴歌。如何既对他表达敬意,又点出健康的重要性,同时还不能让人理解为记者或编辑是在批评这位因公牺牲的交警。这中间,考验的就是平衡把握能力。

很显然,如果原文照登、事迹照发,读者的思考得不到引导,也许不认同的观点就会占据主流;而如果删去其坚持返回工作岗位的内容,不客观,也不准确。最后,我们决定配发"编后(评论)",通过言论来引导读者的思考。这则编后,既肯定了夏永的敬业精神,又以委婉的语言作出了提醒:

夏永再也吃不上那碗生日面了,这个细节让我们痛心、扼腕。他忘我拼搏、全心工作的身影,一定会长久地感动更多的人。同时,这碗没吃上的生日面也悄悄提醒每个人,健康是工作的本钱。愿匆匆前行的人们,留一点关爱给自己,这样,工作才能更持久、更给力。

言论表达了"痛心、扼腕",肯定了夏永的"忘我拼搏、全心工作",最后重点落在了"提醒"上——"愿匆匆前行的人们,留一点关爱给自己"。

这种斟酌,实际上是费了不少思量的。回头看,这则编后实现了编辑想要的效果,点出这则新闻引发的"痛心""感动""遗憾"三种情绪,以"提醒"作结,回应了新闻刊发后可能引发的各个层面的感受。这是一种新闻编辑的平衡观。

版面安排中,也不乏这样的案例。在一次业务交流中,一家其他媒体的主编告诉我，有一次，他们选用了一幅军事演习的新闻图片，画面中，坦克冲上一个高地，尘土飞扬，动感十足。然而，照片摆好后才发现，坦克炮口对着另一个新闻人物的头像。很显然，从版面生态的角度来说，这是容易引发误读的。后来，他们撤换了照片，消除了隐患。

版面安排中的平衡观，不仅体现在同一版面内要上下左右思量，还体现在周边版面也要尽量妥当。这样的要求，无论中外，都是红线。外国报纸如果安排不当，同样会惹来麻烦。

2015年，一幅照片震撼全球，照片中，一名身着红色短袖、蓝色短裤的男童趴在沙滩上，早已没了呼吸。海浪打在小小的身体上，他一动也不动。这一幕随后登上全球众多媒体首页和报纸头条，震惊了无数人。这个3岁的男童是叙利亚的艾伦·库迪，他和家人为了躲避国内战乱，搭乘船只前往土耳其，不料在途中发生意外，艾伦·库迪和他的哥哥、母亲遇难。

2015年9月4日，法国世界报头版头条刊登了这幅照片。但是，报纸编辑犯了版面安排上的巨大错误。同一天，报纸的内页同时刊登了奢侈品牌GUCCI（古驰）的大幅广告照片。广告中，一个女人躺在沙滩上，姿势几乎与艾伦·库迪完全相同，手里还拿着广告宣传的手袋。两个版面放在一起，对比鲜明又刺眼。

据环球时报报道，有网友发现版面编排不当后，通过社交媒体上传了对比图，对世界报进行讽刺和抨击，从而引发了更多网友关注。对此，世界报紧急在网站和社交媒体上发表声明，表示编排版面时"没有意识到这个不幸的巧合，愿意负起责任并公开道歉"。

所以说，无论是在内容上，还是在形式上，做到编排平衡，都是编辑必备的素质和能力，往大了说，这也是讲政治的一种体现。

真实是新闻的生命

2016年4月22日,国家新闻出版广电总局公开通报15家媒体发布虚假失实报道的查处情况。其中,"《财经》杂志微信公众号等媒体发布《春节纪事:一个病情加重的东北村庄》虚假新闻的查处情况"名列第一条。

公开通报中这样说:

今年春节,《财经》记者在未返乡进行实地采访核实的情况下,编写虚假报道《春节纪事:一个病情加重的东北村庄》,记述了"村妇密谋组团'约炮'"等事件。2月14日,《财经》杂志通过其微信公众号发布此文。随后光明网、中国青年网、中国网、中国台湾网、江苏扬子晚报网、山东齐鲁晚报网等新闻网站和辽宁《大连日报》微博、广西《南国今报》微博、湖南《文萃报》等媒体,未经核实进行转载,进一步扩大传播虚假新闻,造成恶劣的社会影响。目前,国家新闻出版广电总局已依法吊销涉事记者的新闻记者证,并将其列入新闻采编不良从业行为记录,对发布该虚假新闻的《财经》杂志和未经核实转载该虚假新闻的光明网、中国青年网、中国网、中国台湾网等分别作出警告、罚款的行政处罚,责成省级新闻出版广电行政部门依法对《文萃报》等报刊及其所办网络媒体作出行政处罚,并追究相关人员责任。涉及其他商业网站转发虚假报道的问题,现正由有关主管部门核实处理。

不知因何原因,也不知从何时起,网络上突然兴起了"返乡体"的写作。从普通网友写身边事,到媒体记者刊发返乡报道,"返乡体"文章如雨后春笋一

般随处可见。

这些文章或白描写实，或追思乡愁，或对比变迁，或揭露黑暗，或忧国忧民，借助微信、微博、客户端等传播平台，引发了公众的广泛关注和转发。其中，对于父母老去、社会变迁的感悟，对孝道不存、世态炎凉的控诉，集中了各种极端的情绪，借助春节团圆而"发酵"，成为"返乡体"中最吸引眼球的章节，有的还以夸张的细节、惊人的情节引发全网关注，成为公共话题。

如果有人还记得2016年那个春节的话，应该会记得铺天盖地的"春节返乡记"，和甚嚣尘上的舆论热潮。仅那一个春节期间，就爆出了"财经记者自述东北老家妇女组团约炮"和"上海姑娘逃离江西农村"两大"返乡体"谣言。后者经调查证明为网友凭空捏造，而前者，竟然是专业记者写的"返乡日记"。

"财经记者自述东北老家妇女组团约炮"的情节，来自《财经》杂志官方认证微信公众号所刊发的《春节纪事：一个病情加重的东北村庄｜返乡日记》（以下简称《东北村庄》）一文。文中"描述"了一个礼崩乐坏的东北村庄的故事，一些"细节"让很多人大为惊讶。比如，父亲濒死儿子却用低保金"行乐痛快"、农妇组团利用微信前去"约炮"、媳妇骂婆婆"老不死的东西"、低保夫妇不顾儿子常年酣战牌桌……这篇"返乡日记"为专业媒体平台发布，尤其是当部分媒体将此文标题改为《一个病情加重的村庄：农妇组团跨省"约炮"》刊发后，获得了更广泛的转发传播，成为春节后上班期间网友议论的热点。

这一新闻引爆舆论之时，我们就进行了认真分析：

首先，这篇文章是文学作品，还是新闻作品？

从读者的角度出发，我们认为这是一篇新闻作品。文章标题明确注明这是"春节纪事"和"返乡日记"，作者开头即写道："这并非杜撰虚构，而是真实的写照"，署名也清楚表明了记者身份。

细读这篇文章，文中多次出现"春节期间""大年初三""2016年春节"等具体时间的表述。尤其是，最受争议的"农妇约炮"一段，明确提到了"2016年春节"，这种表述让人很容易相信这是一篇新闻作品或记者手记——

2016年春节，在家里的老人们生不如死、正遭活罪之时，几个农家妇人在密谋着一场向外省远征的组团"约炮"：通过微信，她们在陌生的群里与自称"很有钱"的外地人夸夸其谈，不知道对方什么来头，但已被"有×套房子、有×辆车、有大把花不完的钞票"的条件所吸引，她们也刻意地把自己的年龄缩小了几岁甚至十几岁，并时刻准备着一场声势浩大的"见面"——如果对方条件好，她们便不计划回村。

事实上，从文章刊发后各方网友的反应上也可以看出，社会舆论是将其当作新闻来转发、来看待的。有媒体曾发表评论称："只要署上了'记者'之名，就要为新闻事实负责。"

其次，这篇文章写的老家是哪里？

文章作者只提到了"家乡"和"东北村庄"的线索，隐去了具体地点。为了找到答案，我们将微博上的评论翻了个遍。最后，终于从一名微博网友的留言中找到了蛛丝马迹。这位网友指出，作者老家就在小东沟村，"没见过这么埋汰老家的，村里人都被埋汰坏了"，听起来好像当地人。但通过微博私信联系后，并没有得到回复。百度检索，显示小东沟村在辽宁省宽甸满族自治县毛甸子镇。

为保险起见，2月23日晚，我们联系上了辽宁分社记者辛阳。辛阳当即就通过宽甸县联系到了毛甸子镇有关负责人。这位负责人告诉辛阳，虽然大多数网友不知道作者老家就是小东沟村，但村里人心知肚明，早就气坏了，有些村民都把状告到了镇里，镇里也正在为这个事发愁。

这位负责人说："人民日报是第一个找到镇里了解情况的媒体。"负责人记下了记者的电话，让宝石村（当时小东沟村已并入宝石村）村支书程显英给记者打电话。程显英在稍后的电话中，告知了一个让我们前后方所有编辑记者都惊讶的事实："返乡记"作者原来根本未返乡！程显英还激动地说："咱小东沟村根本不是那个样！"

辛阳转述这个结果时，正和记者朱俊杰在辽宁多地调研城乡经济发展，距离宽甸县毛甸子镇100多公里。了解到记者的情况后，版面提出了一个颇为为难的请求：请他们中断既定采访，抽出两天时间去一趟小东沟村。

说"为难"，一是因为要打断记者们预先确定好的采访行程，给人家添了很大麻烦；二是因为当时天冷路滑，小东沟村远在山沟，100多公里的路上，有很多是山间国道、小道，的确存在不确定、难预知的风险。

接到编辑部请求后，辛阳立即向分社社长汇报。五分钟后，他告诉我："社长大力支持！原定调研行程，社长先顶一下，等我们去完小东沟后再继续。"那一刻，一股暖流从编辑们的心底涌出——关键时刻，分社记者靠得住。

2月24日，是农历正月十六，上午，两位记者从外地出发，赶了100多公里到达宽甸县城，然后沿鹤大高速行驶30多公里到了毛甸子镇政府。在毛甸子镇，两位记者作了短暂停留和采访，然后从镇里驱车20多分钟，到了小东沟村。朱俊杰告诉我："一路上，车子打滑好几次，还好司机有经验，没有出现险情。"

两位记者在村里采访了两天，走访了不少人家。所有的探访，最后都写入了《探访东北村庄小东沟》这篇报道。此后的故事，很多读者也都知道了。新华社和人民日报先后刊发报道，指出《东北村庄》一文中诸多细节并无依据，之后《财经》杂志和文章作者相继道歉。

回顾本报记者在小东沟村里的采访过程，和这组报道的成文经过，有两个细节和两个思考值得分享：

第一个细节：村支书的证据意识；
第一个思考：关于新闻真实性的思考。

记者采访这位村支书时，他早已准备好了资料。原以为，资料就是村子的发展简介之类的文字材料，这是我们在地方采访经常遇到的情况。但是，令记者和编辑都没想到的是，资料竟是一份通话录音。

原来，村民们听说原文作者写了这篇文章后，都很气愤。有的人当时就给作者打了电话，同时打开了手机录音，留作了证据。

在这份录音里，村民们问作者："东沟人说你春节也没回来啊！"答："对啊，我这个春节没回去啊。"村民又问："你不是春节随笔吗？"答："我想写乡村的现象，不是新闻报道啊，时间、人物、地点都是虚构的，每个人不要对号啊。"

"真实是新闻的生命。"将录音听到此处，我心里跳出了这句话，对这句老生常谈的话语，突然有了更深刻的理解。就因为没有完全真实，一名正处于事业上升期的记者，就可能要从此中断职业生涯了。

同时，还交织着一种复杂、难以言表的情绪。从调查本次事件起，我并没有多么兴奋、激动，更多的是一种同情的心态。同情村民，也同情作者。村民遭受不实报道影响，出门都抬不起头来，甚至当地的镇、县乃至东北声誉都受到影响。

作者在文章引发争议之后，多次声称这并非"新闻报道"，然而，在文章已对现实产生如此巨大影响之下，这种声音显得非常渺小。越深入调查了解，我越深刻地感到，肯定是哪个环节出了问题，让作者在没有返乡的前提下，写了一篇"返乡日记"并刊登出来。

细细梳理，源头虽然是记者署名的文章，但从流程和机制上看，问题出在把关环节。

编辑每天面对太多"求发表"的恳请，但不是来稿即登、原文照登。纵然记者有再膨胀的发表欲，编辑也要考虑文章是否符合所在版面、栏目的要求和定位，随笔、小说肯定不能刊登在新闻专栏；纵然记者发来的报道有再惊人的独家，编辑也要冷静、谨慎，对其中的事实、细节做好把关、核查；纵然记者有再强烈的发稿冲动，编辑也要考虑文章发表后是否会引发不良的效果或违反职业规范。

比如，不能虚构事实，用语不能夸张夸大，一些犯罪过程不能详细描述，未成年人不能暴露过多信息，等等，这些问题都应在编辑环节就被发现、拿下——综合起来，这就是把关责任。对此，中山大学传播与设计学院教授张志安也曾明确表示："'记者手记'也应该遵从事实原则，《财经》微信号在春节期间把关不严确有纰漏。"

第二个细节：《探访东北村庄小东沟》有两份备稿；
第二个思考：风格是咄咄逼人，还是娓娓道来。

实际上，面对记者采访回来的素材，版面编辑最终"加工"成了两篇风格不同的稿件。

第一篇，以针锋相对的姿态，将所有证据摆出来，对《东北村庄》一文涉及的所有不实细节进行批驳。这一篇稿件的风格是咄咄逼人，毫不留情。

第二篇，以尽量平实的语言、尽量平和的语气，描述记者到小东沟村的见

闻，在走村串户中描摹村民感受和村庄发展现状。这一篇稿件的风格是娓娓道来，平实平和。

让哪种风格的报道见报，编辑部里，大家进行了讨论。

有人提出，《东北村庄》一文虽有失实之处，但不宜与该文作者个人针锋相对，将舆论焦点又拉回失实的文章内容上，造成二次传播。此外，从该文作者角度考虑，他主要想表达对家乡发展的一种心情，我们的探访最好也反映出村庄发展的整体情况，包括欣欣向荣和存在问题两方面，都不回避。

这个观点最后得到了大家的一致认可。因此，最终见报报道以记者见闻、走访乡亲的形式，全面展现了小东沟村的面貌。通过村民描述和记者观察，既有"子女教育""邻里关系""周边景点""文化娱乐"等方面情况的介绍，又有"地处山区，这里与平原村比起来，还有差距，村里现在还用'大锅'看电视。通油路、通手机网络、通宽带，就是小东沟人眼下最盼的3件事"这样的问题反映。应该说，《探访东北村庄小东沟》报道达到了编辑部想要的目的和效果。

【附】

探访东北村庄小东沟

今年春节，叙述个人亲历见闻的"返乡体"文章走红，部分"返乡记"引发争议。比如，某杂志官方微信公众号2月14日发布了署名为记者高某某的《春节纪事：一个病情加重的东北村庄 | 返乡日记》(以下简称《东北村庄》)，介绍了作者"每年都回"的家乡民风败坏、赌博盛行、老无所依，并"披露"令人震惊的一些细节。这篇文章经过各大网站转载后，引发广泛关注。

与此同时，该文在作者老家辽宁

宽甸满族自治县毛甸子镇小东沟村（2004年已并入宝石村，当地人仍按习惯称小东沟村）引起轩然大波。2月24日，村民和本报记者联系："返乡记"作者未返乡，"咱小东沟村根本不是那个样！"

正月十五刚过，大红春联写满浓浓年味

2月24日，从宽甸县城出发，沿鹤大高速行驶30多公里，就到了毛甸子镇政府。毛甸子镇党委书记杜景波介绍，毛甸子的经济状况在宽甸算中游水平。

从镇里再驱车20多分钟，小东沟村到了。正月十五刚过，三面环山的小村静谧中带着喜气。几十间小院错落有致，不少院里堆满黄灿灿的玉米，屋檐下挂着红灯笼。很多人家门上贴着大红春联，写满浓浓年味。

走进村民鄂立清家里，老母亲宁凤和儿媳妇卜庆娟一边乐呵呵地包饺子一边热情招呼记者。宁凤老人79岁，身子挺硬朗。老人家告诉记者，照东北的过年习俗，正月里逢七，家里人要一起包顿饺子吃。"也就是图个喜气！要说现今日子好了，过年不用囤那么多年货了，平时啥都能吃上。"

村口偶遇村民李凤荣，她跟记者唠起嗑。"家里5口人，老伴在外做工。儿子在澳大利亚读博士，年前刚回了趟家！"李凤荣满脸自豪。宝石村党支部书记程显英介绍，村里人重视子女教育，去年村里高考600分以上的有好几个呢。

小东沟村现常住村民90余户、470多人，地处响水寺景区深处。《东北村庄》作者的姥姥、舅舅就住在这个村。

在《东北村庄》中，这个"故乡"却是另一番景象，"礼崩乐坏""高龄老人正在东北的火炕上忐忑地活着""家风越加败落，族人之间不再友善和睦"……

"今年春节他根本就没回来！"村支书程显英告诉记者，《东北村庄》作者他也熟。文章出来后，村里人都很气愤，好几拨人跑来找他：咱小东沟村啥时候成这样了？这不是埋汰人吗！2月17日下午5点左右，程显英给作者打电话，作者在电话中承认"我这个春节没回去""我想写乡村的现象，不是新闻报道，时间、人物、地点都是虚构的，每个人不要对号""本身就带点真真假假的东西"。

聊起这事，村民谭积华还带着气："我在小东沟生活30多年了，现如今的日子强老鼻子啦！这么乱写，我们觉得太憋屈。为啥要败坏自己的家乡呢？我

搞不懂,全村老百姓也搞不懂,把家乡写得一点人味都没有了。"

鄂恒新 21 岁,在山东威海上大二。回乡过年的他告诉记者,看到文章挺困惑,"亲戚邻里都挺好的!"

等到枫叶红时,来游玩的车都排成了长队

"咱小东沟就在响水寺景区,每年'十一'来这儿看枫叶的多了去了,100 多辆车,排成长龙!"

"咱附近还有不少景点,像啥九龙潭、东湖瀑布,都美着哩!"

问起周围有啥去处,一帮村民七嘴八舌抢着告诉记者。

谭积华说,小东沟三面环山,山区有山区的不便,可也有山区的优越。开春后就能看见绿,到了秋天,漫山遍野,藏满宝贝,滑子蘑、柞蚕、山野菜,连城里人都赶来采摘。

东北山区的冬天格外冷,过去"猫冬"的多。2004 年,小东沟村和宝石村合并,原来的学校校舍也因撤乡并校废弃了。去年,小东沟村民把废弃的学校广场改造为村民文化活动广场,村里人特别是妇女们可欢迎了,忙完农活家务就去跳跳广场舞健身,而这却成了《东北村庄》里"未有节制的娱乐"。

"我老母亲 85 岁,知道有人胡编乱造埋汰小东沟,说咱一到冬天赌博盛行,输得妻离子散,气得吃不下饭。"村民钟传德说。

"带回广场舞的'时髦女人'说的就是我。我去宽甸县城,见有人跳广场舞,一下子就喜欢上了,赶紧买了碟、买了音响回来,自己琢磨,还教别人跳,村里也支持。"谭积华说,看到这篇文章觉得憋屈,"我们一共 20 多个人跳广场舞,对身体挺好的,自己也觉得挺美的,怎么到他那儿话就那么难听哩!"

程显英说,现在村里有文化广场,等到 4 月份一开春,还想把文化广场的土地硬化硬化,再组织些文娱活动,"既然老乡们都稀罕,咱就把它往好里整。"

村民透露,已有旅游公司看好小东沟,准备发展观光农业

在小东沟走村串户,村里人最关心的,还是发展问题。

地处山区,这里与平原村比起来,还有差距,村里现在还用"大锅"看电视。通油路、通手机网络、通宽带,就是小东沟人眼下最盼的 3 件事。

宽甸山多地少,山里林下作物很多。过去埋怨山高路远,如今接触外头多了,慢慢觉出了大山的好处。毛甸子镇政府正和几家旅游生态公司接洽,有的已经达成合作协议,开春后将对小东沟村所在的响水寺景区实施开发。下一步,还想发展油料牡丹种植,搞观光农业。

从正月十五开始,记者陆续走访了抚顺、清原、宽甸3个县的5个乡村,用当地干部群众的话说,"吃喝啥的早没问题了,就想着怎么发展"。

小东沟村手机信号的确不好,移动、电信信号没有,联通有微弱信号。也因为这样,村民们说,手机成了摆设,微信更是很多人都不知道。谭积华说,"我是从其他人手机上才看见文章。"记者采访到的村民,留的都是固定电话,他们说手机只有在出村办事儿的时候才能派上用场。

"孩子上学给老师留的家长电话也是家里座机号码,有手机也没用。我不会用微信,也没听说过那些伤风败俗的事。前两天,我还问别人啥叫'约炮',没想到是那事儿,给我整得还挺不好意思。"村民吴国华说。

几天来,人民日报记者多次尝试联系作者本人,但他通过其他人表示不打算回应,记者25日晚再次拨打其电话仍未接通。

(来源:2016年2月26日人民日报第四版 作者:辛阳、朱俊杰 栏目统筹:胡安琪、许诺)

当专家成为舆论风波的源头

工作时间长了,认识了不少领域的专业人士,他们经常接受各路媒体的记者采访。有的已经锻炼得游刃有余,记者抛出一个问题,就能滔滔不绝地回答到底;有的尚不习惯,生怕说错了话。

北京某大学的一位食品安全领域专家告诉我,每次看到与食品有关的谣言出现,他都觉得辟谣责任重大,也因此想多接触记者。可每次跟记者面对面时,一方面觉得说得太生硬,效果不好;另一方面也担心说错了话,引起不必要的麻烦。

专家发言,的确须慎之又慎,这方面不是没有教训的。

有一段时间,北京地铁计划上调票价,引起社会上很多讨论。就此,某广播媒体采访了一位专家。该专家在直播节目中解释,北京从2007年开始实行单一票价,这种交通补贴带来了低票价,但随之而来的就是大量地铁出行,"不管(这些人)有事没事"。

问题就出在最后这句话上,有网友因此吐槽:"我出门,你管我有事没事!"这位专家在接受采访时,显然没有经过仔细思考,在发表观点时比较随意,结果陷入了尴尬境地。这位专家后来接受其他媒体采访时解释,他的意思是:"在提高票价后,如果有急事就坐地铁;如果不着急,想少花钱就坐公交。"

然而,误解一旦造成,消除就要付出更多的精力。一些影响较大的误解,甚至会演变成谣言,让社会历经更长的时间来消化、澄清。

曾有一个网帖称"养殖户用避孕药快速催长大闸蟹",这个传言散布非常广泛,一度让很多人深信不疑。

为了了解传言背景，我们调动香港和江苏两地记者进行了深入调查。记者发现，有关帖文在网上已经存在了10多年，源头来自时任耶鲁大学教授陈志武的一段话，香港《壹周刊》2001年的一篇报道《狂喂抗生素，毒蟹袭港》对此更加推波助澜。

香港分社记者与陈志武教授联系，他回复说，帖文中引述的他那段话，是他2002年在一个讲座上说的，内容是之前听一位中科院教授所讲，但这位教授的名字，因为年代久远，已想不起来了。

江苏分社记者到大闸蟹原产地进行了多次采访，众多养殖户和专家纷纷表示使用避孕药是不可能的。首先避孕药是人用的，对动物没有作用。至于抗生素，也不能大量使用，否则会抑制大闸蟹性腺的生长，导致缺少蟹黄和蟹膏，这反而会影响养殖户的利益。大闸蟹生了病，会用适量的抗生素，但主要还是通过净化水质防止病害。

像这样的案例，还有很多。当专家以权威身份接受采访、举行讲座时，应该在自己的专业领域内发言，遵循有一说一的原则；同时还要注意发言的场合，现场直播或者观众较多的场合，表达不要过于随意。

接受不太紧急的采访，应该尽量提前了解采访提纲，一方面可以对采访主题有更清晰的把握，体会记者的意图。另一方面也能给自己留下思考的空间，回答问题更从容，组织语言更严谨，不易留下漏洞。条件允许的话，还应索要成稿审阅，避免因记者原因导致出现误解或者知识性硬伤，影响专家的业内声誉。

面对社会生活中的无数复杂问题，专家积极发声，可以有效地解疑释惑、传播信息，助力社会更和谐。但与此同时，专家一定要确保知识完整、全面地传递给记者，帮助记者通俗而准确地写作，并保护好自己，采取各种方法避免产生误解甚至错误。如果产生了误解，应该第一时间回应，在传播面尚不广泛时作出澄清，这样不至于使误解变传言、传言变谣言。

透过热点找问题

有一段时间,舆论场连续发生了两起影响较大的热点事件。

一起事件,是瑞典学者拉尔森关于耐药性基因研究的论文,被中国一些网络媒体误读为"北京雾霾中发现耐药性基因,呼吸了这样的空气,将导致药物失去作用"。

另一起事件,则是罗尔募捐事件。罗尔的女儿罗一笑不幸身患白血病,罗尔为募集资金上网求助,几天内获得捐助200余万元。但随后网友发现,他们的家庭条件很好,在深圳等地拥有3套住房,而且慈善募捐背后有营销公司支持。

对热点事件的报道,有的是追逐动态,跟踪变化;还有的是追寻事实,探求真相。主流媒体往往选择后者。比如,面对耐药性基因论文事件,需要追问其中涉北京雾霾方面的观点是否夸大,是否如有些自媒体所言那么耸人听闻,找到论文原文,找到作者本人,找到相关领域专家,从事实层面给出答案,这是应该调查的。对于罗尔募捐事件,罗尔家庭条件是否如网友指出那样优渥、是否存在撒谎问题、医药费是否高昂到家庭承受不起,等等,这些问题都是真相层面的追寻。

一个热点事件出现后,所有感兴趣者第一时间的需求是对事实的需求。因此,在事实反映上必须快,就像短兵相接一样,快速接招、迅速呈现。对于负责任的媒体来说,第一波"快打"之后,还应"深挖",透过现象看问题,挖掘问题,剖析问题。

这是因为,每一起热点事件,都有成为热门的痛点。不关注、不发现痛点,不预警、不呈现问题，下一次类似事件还会成为热点事件，还会毫无必要地裹挟众多社会关注和资源，浪费本不需要付出的频道、版面、页面、界面。更重要的是，如果背后的共性问题不被揭示，就会让热点事件的"热量"流失、浪费，起不到它引发关注后应该起到的推动作用。趁热好打铁，趁热也好解决问题。因此，发现问题、报道问题、推动解决问题，这是媒体的社会责任所在。

发现的问题，不能是孤立的、单一的，应该是带有普遍价值的。找问题要找典型案例，不炒作极端个案；说问题要为解决问题，不止于揭露批判。

瑞典论文被误读事件，凸显的问题是媒介报道科学研究不够严谨的问题。长期以来，媒体对带有科学探索性质、尚无明确结论、需要权威解读的科研论文的报道，存在绝对化理解、不够专业严谨，甚至是故意夸大误读的突出问题。针对这种情况，我们策划了《如何科学地传播科学》后续报道，邀请科普从业人员和新闻传播学者作了专业阐释。

在罗一笑事件中，很多媒体在追逐细节，一些深层次问题却没有得到解答。比如，利用社交平台的特定功能（群求助、赞赏等）募捐，究竟是个人求助还是可以被认定为平台慈善？家庭条件和接受捐助要挂钩吗，是否必须倾家荡产、走投无路时才能寻求救助？慈善求助与营销应该完全分割吗，慈善求助就不能采取营销手段吗？如果要做一篇深度报道探讨上述问题，我想可以取这样一个标题：《募捐的边界在哪里？》。这些待解答的问题，都是时代条件下遇到的新问题。新媒体快速发展，提供了以往所不可能的条件和平台，也给普通人提供了前所未有的营销空间，很多新情况、新问题，通过这次事件集中暴露了出来。如果这次没有得到解答，不久的下一次事件中，很有可能还会遇到。

谈点问题，解决问题，这也是媒体人的乐趣所在。

多点治理者思维

舆论场上,罗尔募捐事件仍在继续发酵,引发了广泛的讨论。针对这个新闻,值班副总编辑在夜班编前会上说,执政党的机关报要考虑在热点事件上发言的切入角度,应该从提升治理能力、完善治理体系上找选题,做出让社会思考、供治理者参考的报道。

这个观点给了我很多启发。如今,一个热点事件发生之后,变化、反转很快,大家看待事件的角度很多,立场转换很快。这对主流媒体发声提出了越来越高的要求,既要引导舆论,实现影响力的波峰,又要稳妥发言,不能成为舆论的风波。所有热点事件都对治理提出了挑战,从治理者角度出发做报道、写言论,是永远有效的角度,是很有价值的选题,也是主流媒体的职责所在。

我们曾推出的多起紧跟热点事件的策划,就充分体现了这个方法论。

有段时间,一则视频在微博、微信上大量传播,让不少人"望葡萄却步"。视频中,一名"果农"模样的男子一边搬运葡萄,一边和拍摄者对话,称无籽葡萄是"蘸了避孕药的"。随着视频转发传播,一些无籽葡萄产区被媒体曝出销售已受影响。

无籽葡萄是怎么种出来的?真是蘸了避孕药所致吗?吃无籽葡萄会损害健康吗?针对视频所说的内容,我和人民日报《求证》栏目编辑记者进行了走访调查。

调查视频来源、采访葡萄主产区农民和农业专家……农业记者蒋建科和河北分社记者史自强逐一采访重要信源,网传视频内容的真假也随之浮出了水面。多名受访果农表示从未听说过这种做法,农业专家也说人用避孕药对植物不起

作用,抹避孕药培育无籽葡萄的说法很荒谬。

多项证据证明,网传视频内容为谣言。调查到此可以止步了吗?如果从治理者视角思考这个问题,就会发现"无籽葡萄蘸避孕药"谣言背后,其实是"无主视频"的问题。如何治理"无主视频",正是媒体作为智库角色,需要向治理者反映和建议的内容。

所谓"无主视频",是指视频中看不出具体时间、地点,来源不明,难以一眼证实或证伪。看似具体直观的音像,传递的却是真假难辨的模糊说法,甚至谣言。不明真假的小小视频,网友通过微信等渠道随手一转,就很容易造成大量的误解和恐慌,引发"躺枪"一片。同时,为了求证"无主视频"中传言的真假,新闻媒体走访调查也十分不易。

从"葡萄蘸药"的谣言出发,我们梳理了"给螃蟹注射橙色液体""蒜薹蘸白色液体""果农自曝柑橘、西瓜等使用甜蜜素"等食品安全谣言案例。除了涉及食品安全类的"无主视频"外,长期流传于网络的还有诸如在暴雨过后,某市地铁站大面积进水、漏水的小视频;某地商场或大楼发生重大火灾等小视频。此类视频的内容往往是真实的,但时间、地点却是张冠李戴,传播者把拍摄于异地异时的视频进行修改、剪辑,移花接木,当成是其他地方的视频重新传播,在网络上引发关注和评论,这种情况并不少见。

据我们调查,地方宣传、公安和网信等部门,对此也很伤脑筋。哈尔滨的一位刑侦警官告诉我们,这类"无主视频"调查成本高、寻找源头难,亟待多方联动管理。

在前期调查基础上,我们相继策划推出了《无主视频,调查有多难》《无主视频无事生非,怎么办》《网民呼吁管管无主视频》系列后续报道,从治理者角度分析"无主视频"管理难点和突破口,提出多方联动、治理谣言的建议。这组报道引发了广泛关注,2016年10月13日的《辽宁日报》A16整版刊发该报记者署名文章《无主视频岂能如此肆意横行》,将我们的首创概念、关注话题进一步报道、扩展开去。很多媒体也发表评论,对"无主视频"这一现象予以关注。

事实也证明,我们提出"无主视频"的治理难题,并建议有关部门重视和解决,是具有预见性的。

  2017年2月,几段展现"塑料紫菜"的"无主视频"在网上广泛传播,视频中有人称几个福建晋江企业产的紫菜是"塑料做的",并表示紫菜嚼不烂,劝诫网友"别吃了"。这么显而易见的谣言,竟然引发了大量网友轻信转发,并导致了一轮严重的紫菜滞销风波。

  全国多地超市的紫菜纷纷下架,尤其是晋江受波及最严重,当地65家紫菜公司的产品陷入卖不动的境地。谣言影响还迅速蔓延至产业链上端,前一年同期紫菜的收购价格为每吨约8万元,但当年2月收购价每吨仅为3.5万元,即便如此,菜农还不一定能找到收购企业。据当年2月26日的统计,浙江苍南和福建宁德两地已积压了四五百车约1200吨紫菜。

  我们是2016年9月14日关注并报道的"无主视频"问题,仅仅5个月过后,这一问题就披着"塑料紫菜"谣言的外衣,带来了性质更恶劣、范围更广的影响。我请编辑专门针对"塑料紫菜"写作了一篇评论,发表在人民日报要闻四版。评论这样写道:

  "无主视频"背后终有其"主"。网民应慎重对待自己的网络话语权,随手一拍、随意一转,背后可能是一个家庭的伤害、一个产业的"雪崩"。网络平台

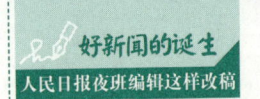

理应负起责任,加强对视频发布者身份的核实;对于已造成恶劣影响的"无主视频",应有相关提示,避免谣言扩散。相关部门要探索如何通过技术手段快速找到发布源头,让低成本造谣者付出法律代价。

实际上,"无主视频"的问题,时至今日仍有其治理必要性。

这同时更加充分、深刻地说明,一个切中当下社会现象要害、击中治理体系难点的首发概念,是具有长久生命力的;一个有责任的主流媒体,应该关注前瞻性问题,应该不断警示治理难题、提出解决之道。

编辑的成就感

一家新闻单位,有记者,也有编辑,各司其职,共同完成新闻报道采写编辑的整个流程。但这是否就意味着,记者和编辑的界限就如楚河汉界一样分明呢?我认为不是这样的。

记者主要负责采写,但在发稿前也有编辑稿件的责任。对记者来说,并不是稿件一挥而就之后就作结了,有经验、负责任的记者往往会细细修改数遍,力争交出一份"免检"的作品。编辑主要负责打扮修改稿件,但也要时刻保持新闻敏感,以一种潜意识的状态寻找新闻线索。编辑不仅要与记者保持热切、及时、顺畅的沟通,而且要时刻关注社会生活中的重要线索,遇到值得追踪的选题,第一时间了解选题背景、获取采访对象信息,然后再约请记者采访,一起完成报道。在这方面,有很多优秀的编辑为我们作出了榜样。

长沙晚报社编委程放军曾讲述过一次新闻策划经历。坐在办公室里,通过电视、网络和各种人脉,他艰难地找到了符合条件的采访对象,实现了一次"无中生有"的新闻报道。

2016年5月14日,新华社发布消息:长征七号火箭运抵海南文昌,将准备首次飞行任务。根据以往经验推测,火箭将在两个星期后发射。

相比能获得入场采访的中央媒体,很多地方媒体对这类新闻的报道方式比较简单,等待新华社发通稿,做好转载即可。然而,程放军打算利用好这段时间,尝试找一找与本地相关联的新闻元素,做一点深入的报道。他开始每天关注人民日报、新华社和央视的相关报道,看是否可以找出湖南老乡进行采访。

5月23日晚,程放军逐一查看央视有关报道,抄写出镜人名字,上网查看

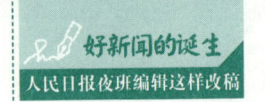

资料。当晚 11 时,看到"周湘虎"的名字时,程放军"眼前一亮,一个'湘'字,很有可能是湖南人"。

果然,他查询资料后发现:周湘虎,海南文昌航天发射场工程建设指挥部工程师,湖南湘潭人,1978 年 10 月出生,2001 年 7 月入伍,土木工程专业。然后,程放军通过网络图片推测周湘虎毕业院校可能是湖南科技大学前身"湘潭工学院",找该校核实,果然周湘虎就是湘潭工学院 97 城建专业的学生。

程放军的这次新闻策划经历,让我印象深刻。谁说坐在办公室里就不能发现新闻线索、就不能找到采访对象、就不能实现突破?所谓"世上无难事,只怕有心人",只要有心,怎么都能找到有利于自己的新闻报道材料和采访对象。

电波往复,隔空联络,很多新闻线索都是编辑和记者在电话的沟通中愈加清晰、逐步诞生。多年前,我也参与过一次印象深刻的新闻报道经历:坐在办公室里寻访线索、查访细节,携手万里之外的美国记者和千里之外的湘浙记者,一道完成了全国热点新闻的追踪报道。

2012 年 8 月 1 日,美国临床营养学杂志网站发表了一篇论文《黄金大米中的 β-胡萝卜素与油胶囊中的 β-胡萝卜素对儿童补充维生素 A 同样有效》。论文透露,美国塔夫茨大学一科研机构 2008 年在湖南省一所小学进行过转基因大米(因其为金黄色,后被媒体称为"黄金大米")人体试验。

"美国人在中国人身上做转基因大米人体试验",这个新闻一经报道,顿时引爆国内舆论场,酿成一场"黄金大米"风波。

国内网络媒体在第一时间报道时,转引了论文的相关信息,但同时对一些核心信息又语焉不详。比如,试验是怎么进行的?哪些人参与其中?涉及哪些机构?国内有关机构对试验是否知情?一系列疑问待解。

获知新闻线索后,我们立即召开内部讨论会。编辑吕毅品提出,他看到有报道提及美国塔夫茨大学公布了论文全文,"我们可以下载后看一看具体内容"。

登录对方官网一看,果然提供 PDF 文件下载,这是一份通篇专业词汇的英文论文。下载、打印出来,编辑部的一群人围在一起,各显神通地翻译起来。有的用网络翻译软件,有的找相关专业的师弟师妹……不管怎样,最后把这篇论文的主要章节翻译了出来。

论文称,为了比较儿童摄入"黄金大米"、菠菜和 β-胡萝卜素油胶囊对补

充维生素A有何不同,美国塔夫茨大学、湖南疾病预防控制中心、中国疾控中心营养与食品安全所、浙江医学科学院等工作机构的研究人员2008年共同在湖南省的一所小学进行了试验。试验对象是6到8岁健康的在校小学生。

论文同时称,研究所用材料——黄金大米和菠菜都是在美国生产、处理和蒸煮,然后冷藏运至中国试验所在地加热后供小学生食用。

从这篇论文中,我们获取到最关键的信息,是论文作者的详细职务和单位。论文作者名录显示,7个作者中,第一作者唐广文(音,后证实为"汤光文")为美国塔夫茨大学研究员,第二作者胡余明为中国湖南省疾控中心工作人员,第三作者荫士安为中国疾控中心研究员,第四作者王茵为浙江医学科学院研究人员。其他3位作者为杰拉德·戴罗尔、米切尔·格鲁萨克、罗伯特·罗素。

拿到作者的名字和单位,我们分头给驻美国记者、驻湖南记者、驻浙江记者以及联系中国疾控中心的跑口记者打电话或发邮件。同时,详细制定了采访提纲,针对每个疑点提出细致的采访问题,明确要求记者一定要面对面采访到这几位论文作者,千方百计拿到他们的回应,哪怕是"不知情""无可奉告"之类的说辞也行。

得益于编辑部第一时间找到的核心信息,接受任务的记者能快速出动、准确到位,率先独家采访到论文第二、第三、第四作者,并第一个到达湖南衡阳江口小学调查。

当时,其他媒体正纷纷追踪转基因大米("黄金大米")是否安全这个问题。然而,我们综合呈现本报记者从各方获得的采访情况后,果断转换了追踪角度,第一个提出疑问:中外说法不一,究竟谁在说谎?试验开展是否符合程序?监管是否到位?这些问题,最后以"追问"的形式,在调查报道《"黄金大米试验"疑云调查》的最后一部分突出呈现。这些观点,比较早地关注科研试验的程序和伦理问题,同时也将当时的争议焦点引导至学术道德范畴,避免了社会情绪的进一步恶化。

据当时驻湖南的记者颜珂反馈,湖南衡阳当地政府对9月5日以后蜂拥而至的数百家媒体记者公开表示:"你们仔细看看人民日报,这篇报道把该采访的人都采访了。"后来复盘,我觉得,能取得这样的独家社会效果,正是因为编辑们第一时间翻译了论文,找到了作者单位和涉事机构、涉事小学,然后记者迅

速反应，分社鼎力支持，抢先于数百家媒体之前独家采访并报道。应该毫不惭愧地说，这背后的确有编辑主动查证线索和细节的功劳。

关于编辑的作用，在这一事件中还有后话。

3个月后，中国疾控中心、浙江省医科院和湖南省疾控中心联合发布关于"黄金大米"事件的调查结果。结果显示，项目实施时，汤光文、荫士安和王茵作为项目负责人，始终没有告知当地主管部门和项目承担单位开展的是"黄金大米"试验；在与学生家长签署知情同意书时故意使用"富含类胡萝卜素的大米"这一表述，刻意隐瞒了使用"黄金大米"的事实。

简而言之，就是汤光文、荫士安、王茵隐瞒了事实，胡余明和地方政府不知情。这一调查结果，充分证明了编辑在统筹报道时，坚持加入"追问"内容的预见性。记者作出了竭尽所能的调查，仍然会遇到采访对象撒谎或不回应的情况；编辑在呈现采访内容时，加入了对采访对象的追问，表明对信源的存疑态度和质疑精神，引导读者客观全面看待新闻事件。这样在事后看来十分有远见的处理，正是源于编辑对新闻资料的详尽准备，和对新闻采访复杂性的预防性考量——这样的结果背后，能说编辑没有成就感吗？

编辑也可访线索，编辑也有大作为。有一幅画面一直浮现在我的眼前：

热点事件、突发新闻中，编辑和记者"撸起袖子一起干"，共同啃下一块"硬骨头"。次日，重磅报道推出，记者名满天下。然而，编辑却微微一笑，事了拂衣去——这种大隐隐于市的感觉，也可算编辑的一种成就感吧。

正面宣传带点问题意识

2015年1月16日上午,公安部官网发布一条简讯——山西翼城3位交警为救群众被大货车撞倒,一殉职两重伤,人民日报客户端等新媒体第一时间进行了简讯推送。

公安部发布的这条短消息,显然是地方公安系统上报的信息,简练、快速但缺乏细节。虽然客户端、网站等已第一时间转载,但事件细节、背后故事尚不清楚,报纸可抓住"第二落点"的空间,进一步挖掘推出调查。

16日下午,我跟人民日报驻山西分社记者周亚军通了电话,他对此事早已知情,正等候版面的调度。从他那里得知,中央人民广播电台也正在准备,要派记者从北京赶去山西采访。

为了抢抓时效,我们抓紧安排,商定周亚军在协调车辆、出差报备的同时,我来确定采访要点。

在业内,"救人英雄""爱岗敬业""发展成就"等报道,常被人称为"正面宣传"。

对这类新闻,有的抱着"拿拿材料、编编发掉"的想法,有的认为"有点拔高、多点吹捧,也不要紧",持这些观点的人不在少数。与此同时,同质化、模式化甚至假大空化在正面宣传中有时可见,也影响了读者对正面宣传的观感。

要按照这种思维报道"救人交警"吗?

不行。我跟周亚军商定,我们必须赶到现场采访一线目击人,尽可能呈现交警在事发一瞬的行为,多信源核实是否有救人、助人行为;还要关注救治、处理进展和社会反响。

听我说完这些,周亚军追问了一句:"您看还有什么需要补充的吗?"受他提醒,我突然想到几个问题:"车祸为什么会发生?能避免吗?"

玩过单反相机的人都知道,有个词叫"对焦点偏移",指相机取景对焦时,因为硬件原因或个人技术问题,镜头对不上焦,导致应该清晰的对象反而模糊。

这个问题在不少新闻报道中存在。在一个新闻事件中,因为某一方面在舆论视野中特别突出,媒体就穷追一点而不及其余,对应该观照、关注的新闻点却忽略了,这一现象既普遍又隐蔽。

在山西翼城"救人交警"事件中,正能量的交警救人是第一新闻点,而"车祸为什么会发生?能避免吗?"这个追问,就属于舆论热点之外的重要新闻点。

1月17日中午,周亚军从太原赶到翼城事故现场,这是学校旁的一个十字路口。

关于交警是否存在救人举动的核心问题,他采访到了两个交叉印证的信源——一个是被救小女孩的家长,他回忆,"要不是旁边有人推了孩子一把,真不知道以后这日子怎么过了";另一个是现场目击人、家住十字路口旁的退休教师马桂龙,他目击了交警倒下。他说,当时交警们一边招呼大家快跑,一边往路边推人,"有个小女孩要不是交警推到路边,肯定就出事了"。

这个细节有独立互证的采访资料,记者编辑都认为可采用,最后凝练成主标题《车撞过来,本能是推开群众》。

而为了解决"车祸为什么会发生?能避免吗?"这个问题,周亚军下了笨功夫。他沿着十字路口向上走了10公里,最终确定:这处路口果然存在隐患!

记者后来在报道中这样写道:

事故发生地是郑庄村的村口,人

流车流穿梭，路南是郑庄村、龙女村、石潭村、范村进县城必经之路。附近的村民介绍，该路口过车多是运煤、运矿的大重卡。此路段绵延10公里皆是下坡路，没有减速带，也没有限速告示牌，常常发生交通事故。"这是今年第二次事故，近五六年，路口每年都有交通事故致死的事情。"据了解，当地虽然在该下坡路段进行过整修，但就目前情况看，亟待设置减速带、提示牌。

人民日报的持续关注，产生了巨大影响。一方面，牺牲交警贺冰的事迹得到更多认可。贺冰被山西省人民政府评定为"烈士"，省委、省政府追授他为"人民卫士"，贺冰的战友王风战、张鹏也分别荣记个人一等功；另一方面，反映问题的这段文字，见报后对工作产生了推动作用。就我们提出的设置减速带、警示牌的建议，翼城县委、县政府高度重视，当时就责成县公安局交警大队聘请省、市专家对该路段进行了测量、评估和设计，并拿出了规划施工方案。经过一系列程序，设施当年建成使用。

"编辑记者在工作上作出一点小小的努力，对个人来说可以改变待遇甚至命运，对社会来说能减少事故、减少流血。"我对记者周亚军说，我们能用手中的笔，帮助3位交警获得认可，帮助当地消除隐患，这是报道最有价值的地方。周亚军回复我："感觉自己的工作很有意义。"

这则新闻故事，还给我带来一点思考：

报道不能限于单一思维。讴歌真善美的报道，并不意味着记者编辑"只准说好，不能质疑"；

报道要有点问题意识，做好正面宣传不妨碍记者编辑在面对事实、面对资料时提出疑问、发现问题。

从新闻操作上说，报道应该主题集中，以"交警救人"为例，全文需重点讲述这个事件发生的过程，还原"救人"的场景、细节，突出主人公的感人之处。另一方面，对发现的问题，可以采取连续报道、跟踪报道的形式推进，这样既不影响"交警救人"事迹的报道效果，也能有效反映发现的问题。

（此文原载于中国新闻出版报）

平衡报道也有编辑态度

在我所参与的调查报道中,刊登于 2013 年儿童节前的《婴儿游泳脖圈有无隐患》是比较特殊的一篇。

说它特殊,主要原因有三:一,选题是从我个人的亲身经历中来;二,它操作时间长达 1 年多,多位记者全球调查;三,它是一次力求平衡报道的求证,但蕴含了报道者的态度。

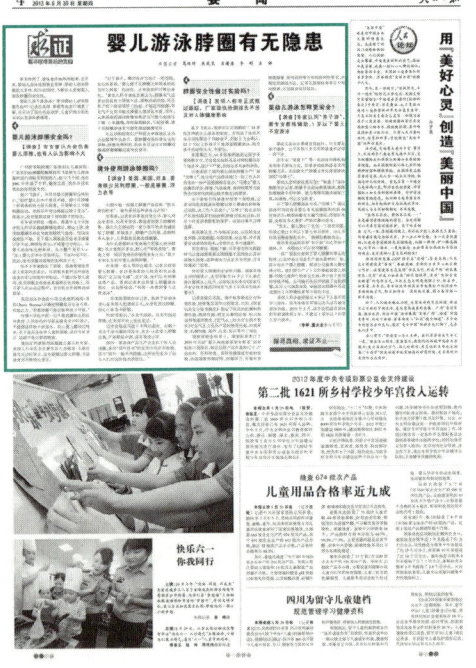

选题:来自生活,介入较早

在 2013 年夏天以前,相信不少婴幼儿的家长都有这样的困惑:婴儿游泳脖圈卖得很火,淘宝上动辄销售数百件,可想到孩子弱小的脖颈被套在塑料圈内,就担心是否安全。但上网查一查,除了零星媒体曾报道婴儿使用脖圈游泳溺亡、窒息消息外,对婴儿游泳脖圈的安全问题进行讨论的详细文章,还是比较少。

但现在不同了,只要上网以"婴儿游泳脖圈+隐患"为关键词,就能查到人民日报的这篇报道,为信息不对称的家长们提供一点借鉴。

这篇报道,就是从生活中得来的选题。2012 年初,我们的小家庭迎来了第

一个孩子。孩子还没出生时,身边就有不少同事、朋友推荐购买脖圈和游泳池,让宝宝一出生就可开展游泳锻炼。有两位热心朋友,还专程买了两款知名热销品牌的脖圈送到家里,细看其中一个品牌的外包装,上面还写着"成熟技术、欧美畅销"。

宝宝一出生,脖子还是柔软的,如果套个脖圈,安全吗?此前有没有发生过安全事故?国家主管部门有没有权威检测报告?欧美国家真的都流行这种游泳方式吗?在我的脑海里,一时间画了很多问号。

带着疑问,从2012年初我就开始搜集相关资料。结果发现,当时竟没有关于脖圈是否安全的媒体报道,只有论坛里几位生活在美国的中国妈妈"吐槽",说美国医生不让她们使用脖圈给孩子游泳。

这起码说明,脖圈存在安全争议,欧美畅销的说法看来也不可靠。综合这几点,我向人民日报《求证》栏目主编韩晓丽进行了汇报,在讨论后,大家都觉得这个选题可以操作。

过程:全球调查,历时一年

2012年7月,我开始制定采访提纲。按照预想,主要有以下几个采访对象:

消费者,了解孩子使用脖圈的情况;

厂家,了解其设计专利、质检报告、生产和市场情况;

医院,是否遇到过孩子戴脖圈游泳遇险的情况;

国外(美国、日本、英国等地),是否有婴儿脖圈销售和相关婴儿游泳的规定;

专家(国内外),怎么看待脖圈游泳和婴儿游泳。

此后,在操作中,又添加了对主管部门国家质检总局和专利发明人赵少飞的采访。

采访并非一帆风顺。

首先是厂家不配合,我们联系了国内婴儿游泳脖圈生产厂商"马博士",他们并不愿就脖圈的安全问题表态。

其次是主管部门,采访提纲递交给质检总局后,就杳无音讯,不知何时会

有回音。

再次是国外,以美国为例,不少专家从未见过这类产品,态度比较谨慎,需要查阅资料后再说,这样一等,时间又延长了。

按照《求证》栏目的高标准高要求,必须拿到所有核心当事人的观点,才能算一篇合格的"求证"报道。所以,必须排除困难,解决障碍。

多次催促,国家质检总局最终在2012年底回函。这距离最初联系他们,已经过了好几个月。他们在回函中表示,适用对象为14岁以下儿童的游泳圈属于水上玩具,目前相关标准有《国家玩具安全技术规范》和《充气水上玩具安全技术要求》。但记者查阅后发现,两个标准都是针对物理性能、材质等方面作出的要求。

在记者多次沟通下,"马博士"在2013年3月也出具了产品质量检测报告。他们在报告中强调,"马博士"婴儿泳圈在浮力、厚度、气室强度、密封性能等方面符合《国家玩具安全技术规范》的要求。而实际上,《国家玩具安全技术规范》根本没有就脖圈对婴儿颈椎的影响作要求和规范。

这些回应让人啼笑皆非,我们询问相关性、影响性,但对方却强调物理材质没问题,效果基本等同于"鸡同鸭讲"。

在采访中,还遇到一个意外情况。

2013年4月,北京协和医院妇产科医生章蓉娅发了一条微博,说脖圈游泳并不安全,一时被网友竞相转发,炒热了脖圈游泳安不安全这个话题。

起了个大早赶了个晚集,我们没能抢到第一落点,应该说是个遗憾,但换个角度看,也无需遗憾。我们有不少更独家、更深入的内容,比如采访到了主管部门、专利发明人赵少飞,有很多媒体没有的国外实地探访,全球采访了英国、中国香港等多地的专家,而在时机上,又能借着公众对婴儿脖圈关注的热潮一举推出,为读者、网友、孩子家长提供一个全面的参考,也有自己的可取之处。

操作:力求平衡,蕴含态度

在新闻报道中,记者经常会遇到包含着矛盾对立的复杂事件。为了使报道

公正准确，记者必须兼顾矛盾双方，从不同的消息源获取信息，并将对立面的事实和观点同时摆出来。在《婴儿游泳脖圈有无隐患》的采访、编辑过程中，我们就是始终坚持平衡报道原则。

婴儿脖圈是否安全，争议焦点就在于脖圈缺少安全性实验。专利人和支持者缺少实验证明，反对者也缺少实验证明。而且，主管部门、厂家的说法，有的专家并不认可。在这种情况下，我们要做的，就是客观、平衡地呈现出来，让读者去判断。

新闻报道的"平衡"，不仅仅是一种简单的信息堆砌，而是多种关系的协调，在婴儿游泳脖圈的报道中，我们尤其注意了以下三点：

（一）注意避免先入为主

正如前述，选题由来是因为对婴儿脖圈安全性的疑惑，但疑惑不能代替态度和判断。记者得到新闻线索，接触到一定的信息、材料后，往往在头脑中形成一些既有的框框和成见，在采访中带着这些想法找材料来印证自己的判断，结果很容易造成偏听偏信，陷入是非的旋涡而不能自拔。在主观情绪驱使下，可能会出现报道上的偏颇。在这次报道中，我们尤其注意避免先入为主这个陷阱，强调以第三者"局外人"的身份介入，多方面、多渠道收集相关的新闻素材。

在安排采写的记者时，我们协调了驻香港、北京、广州和美国4地的4名记者参与，他们各自不了解其他记者采访的情况。编辑在交代采访任务时，也不作倾向性要求，使得他们能全部独立、不受干扰地完成采访。

（二）注意兼顾矛盾双方

在这次报道中，涉及几个矛盾方。

在专家观点层面，有支持者——专利人赵少飞、香港中文大学医学院儿科学系教授韩锦伦，他们认为："使用脖圈确实存在导致危险的可能性，但仅仅是理论可能。使用颈圈对颈椎的影响并不大。"

也有反对者——儿科专家张思莱、香港黄埔体育会主席简炜杰、北京协和医院妇产科医生章蓉娅以及哈佛大学医学院不愿透露姓名的临床教授、儿科和

内科专家，他们认为："对于孩子，哪怕存在万分之一的危险，也应该重视。"

在事实调查层面，也有矛盾对立。

有厂家说"成熟技术、畅销欧美"；也有记者实地调查，欧美市场难见婴儿脖圈；有主管部门和厂家声称脖圈符合技术标准；也有记者查阅文件发现，标准仅仅规范物理材质，并未说明相关性、影响性。

在梅尔文·门彻的《新闻报道与写作》里，平衡的定义是：尽可能给每一方，尤其是受到指证的一方说话的机会。在呈现这些矛盾时，编辑尽可能做到保证采访对象话语权的平衡。为了这种平衡，我们甚至将支持方观点放在文章开头，然后才呈现反对方意见。

（三）注意在平衡中谨慎表态

《纽约时报》拉尔夫·布卢门撒尔曾说："一个绝对平衡的新闻界等于没有新闻界"。这句话简洁地说明，如果没有态度，追求绝对平衡，报道也就如同嚼蜡，毫无味道，也毫无意义。

对于《婴儿游泳脖圈有无隐患》这篇报道来说也是这样。绝对的平衡肯定无法实现，毫无意义的报道根本没有必要。

那么，这篇报道有何作用呢？我认为，它最大的特点是，以平衡报道的方式表达态度——读者通过记者的多方采访，了解到围绕脖圈存在多种争议。这时，对争议的呈现，即使是平衡地呈现，也是表明一种态度。

这种操作在媒体上并不鲜见，用之不慎往往失之平衡。原因就在于，操作者态度上先入为主，呈现时又未兼顾矛盾双方。因此，做到平衡报道，务须多方注意、全面考虑、谨慎把握。

科学报道尤需注重科学

英国卫生部关于节能灯泡作出警告!

这种类型的灯泡被称为节能灯泡或悭电灯泡,如果打破后,它会导致严重的危险!尽可能每个人都离开房间至少15分钟。

因为它含有汞(毒),若吸入体内会造成偏头痛、定向障碍、不平衡和不同的其他健康问题。

仅仅通过触摸或吸入这种物质,有许多人有过敏反应,导致他们患上严重的皮肤病和其他疾病。

该部还警告:不要用真空吸尘器清理碎片及破碎的灯泡,因为它会蔓延到其他房间,污染家里的环境。

必须通过正常的清洁刷和扫帚及保存在密封袋,马上扔到禁止危险材料的收集处。

时至今日,上述谣言仍能在网络上零星看见。这则从2010年就开始流行的网络谣言,欺骗了无数人,具有"旺盛的生命力"。

2012年8月16日、17日,人民日报要闻四版连续两天以半个版面的篇幅推出"求证·关注节能灯汞污染"(上、下):《节能灯摔碎,汞蒸气伤不了人》《节能灯回收,难在哪?》,引起了不少业内专家的好评,还有网站邀请记者就节能灯话题进行视频访谈,在人民日报官方微博上也引发读者网友对尽快建立完善回收体系的共鸣。

这组报道见报的背后,有许多难忘的经历:记者经历了长达两个月的艰辛

采访，栏目组在多地辗转进行了两次科学实验，编辑数易其稿，力求对支持和反对的不同专家观点平衡呈现，而且还引入了学术期刊的审稿模式，请专家对专业说法审核。

这些努力，目的只有一个：将《求证》栏目的科学报道做得更科学、更严谨，从而让报道本身更有说服力、更有影响力。

将实验引入报道：专业人员制定方案，记者监督实验过程

关于节能灯的汞污染问题，一直就是社会关注的焦点话题。一则流传很广泛的题为《英国卫生部关于节能灯泡作出警告》的网帖这样说："节能灯泡含汞，如破碎将威胁人们健康，注意不要用吸尘器清理碎片及破碎的节能灯管；清扫时要戴上橡胶手套；注意不能吸入含汞灰尘。灯泡破后尽可能每个人都离开房间至少15分钟。"网帖引起人们担忧，在"百度知道"、各种论坛上，都能见到网友四处询问："节能灯摔碎汞蒸气能毒死人吗？"

破碎节能灯会不会产生高浓度汞蒸气？这个话题进入了《求证》栏目组的视野。

对一个争议性话题的求证，传统思路是寻找专家等智库的支持，呈现专家和学界的观点。这种做法的好处是快捷、方便，但弊端是网络时代专家不再是权威，没有拿得出手的证据，专家也可能变成"砖家"，受到读者质疑。

除了让驻欧洲记者了解英国官方是否有相应警告，请驻日本记者了解同属亚洲、人口稠密的日本如何看待节能灯汞污染问题等常规操作，我们还提出了一个新想法：为了全面验证节能灯摔碎后汞蒸气是否致命，可以开展一项由记者监督、专业人员参与的科学实验。

用实验的方式开展报道，这在很多媒体中并不少见。但对人民日报，尤其是《求证》栏目来说，这种方式用得很少，几乎从未进行过。究其原因，首先就是实验经费谁来解决，其次是实验机构、人员、场地如何安排，实验方法是否科学有效等。

而对于开展汞蒸气是否伤人这个题目的实验来说，要比其他实验项目更加复杂。我们常见的实验项目都有现成的实验标准和方法，实验人员按部就班操作即可完成，媒体做实验付钱给专业机构就行了。而汞蒸气是否伤人这项实验，之前从未有人进行过。

谁来承担这次实验任务，又该如何设计实验方案，这是首先要解决的问题。幸运的是，我在前期采访中，跟国家电光源质量检验监督中心和厦门通士达照明有限公司建立了较为良好的关系。而在采访中，对于破碎节能灯是否会产生致命性汞蒸气这个疑问，这两家机构的几位专家也很感兴趣。

虽说从专业角度来说，这几位专家能够运用原理解释清楚，但他们也觉得，如果有实证研究辅助，有实验数据支撑，他们的说法会更有说服力，更关键的是，他们也可借此看看自己的说法站不站得住脚。

把自己的采访需求和采访对象的诉求结合，往往能获得很大的突破，这是能够"白手起家"成功进行实验的关键所在。

为保证实验的公正性、客观性，我设计了北京和厦门两地分别独立进行同等标准的实验，我们提供实验样品，同时还向他们提出要求，实验方案记者必须参与制定，实验过程记者要全程监督和记录，甚至要进行摄影摄像，此外，对方还要提供专业人员协助，提供合适的实验场地和设备并进行后期化学分析……这些要求，国家电光源质量检验监督中心和厦门通士达照明有限公司技

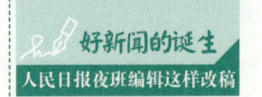

术中心的科研主管后来都同意了。

实验设计比较严谨：两场实验都在普通卧室大小的 10 平方米大小房间内进行，在开窗通风和不开窗密闭两种状态下，分别进行节能灯在燃点和非燃点（燃烧状态和冷却状态）两种情况下摔碎后的汞蒸气测试。

这说明，一个品牌（或无品牌的产品）要进行 4 次测试（最后为了不给品牌造成困扰，将所有参与测试品牌产品命名为样品一、样品二等）。

实验过程比较危险：因为实验设计考虑到了燃点和非燃点在内的各种情况，就必然导致实验时间比较久，实际上，在两地的每一场实验总时长都达到了六七个小时。虽然最后实验证明单个节能灯摔碎后汞蒸气并不伤人，但专家也无法给出确切保证，实验人员在反复摔碎节能灯测试汞蒸气时所累计吸入的汞蒸气是否不会伤人。于是，我们一群实验人员戴着 3M 口罩，在实验房间一扎就是六七个小时，而我更是参加了两次实验，累计在实验场所待了 10 多个小时。

还记得实验前，国家电光源研究中心的刘姝研究员跟我半开玩笑半认真地说：如果感觉嘴里有金属味、头疼、头晕，可要赶紧说出来。所幸，后来安全完成多项实验。

实验还比较省钱：按照当前"市场行情"，节能灯单项检测收费高达 4500元，据此计算，全部实验的总体收费可能超过 5 万元。但经过协调，两家机构最终都同意免费实验，为报社省下一笔不小的经费。

这组报道在刊发上，时任主编韩晓丽费了不少心，通过各种努力将三个表格呈现出来，还将实验结论明确地用黑体字注明，这些手段使报道取得了很好的传播效果。

见报当天，几位参与实验的科研人员也告诉记者，照明行业内比较关注这篇报道。工业和信息化部安全生产组专家杨龙豹更对记者表示，人民日报关于节能灯的实验数据"将在未来几年持续发挥作用、澄清谣言"。北京地球村环境教育中心化学品安全项目顾问、美国乔治城大学医学院生物化学暨分子生物学博士张弘说："调查极其细致、严谨，记者的科学态度让我敬佩。"

✏️ 坚持质疑精神：澄清流传广泛的"1毫克汞污染360吨水"的夸张说法

"1毫克汞污染360吨水"的说法十分广泛。只要是有关汞污染的新闻报道，必然引证这一说法，粗略统计也有上百家媒体引用。

在采访中，我们发现这一说法并不严谨：汞污染环境，需要有进入环境的方式，而水又包括饮用水、地表水等多种水体。原传言只是给出一个模糊的、抓人眼球的结果，从严谨的科学角度看，这一说法似乎有漏洞。

就这一疑问，我采访了多位专家，还请专家查阅了十几项相关标准。

仔细查阅文件后，几位专家提出了不同的意见。一位专家说："我国《生活饮用水卫生标准》规定，每升水最高含汞量为0.001毫克，这意味着只要1吨水中汞的含量小于或等于1毫克，都属于安全值。根据这个标准，假设1毫克汞稀释在360吨水里面，危害几乎可以忽略。虽然这只是绝对条件下的换算，考虑得不一定全面、严谨，但也从一个侧面说明'1毫克汞污染360吨水'的说法不够科学。"

此外，我们还请专家在化学专业数据库内进行了查询，根据国家对不同水质含汞量限值的要求，1毫克汞会污染的水体为0.02吨（排放污水）、1吨（饮用水）、10吨（地表水）、20吨（自然保护区水源），拿着这一系列的证据，专家最终认为这一说法属于夸大。

求证到此就止步了吗？没有，起码还有如下疑问：这一说法始自何处？报道过这一说法的记者怎么说？持该说法的专家怎么说？

记者找到几位报道过这一说法的媒体记者。有的记者回忆，报道这一说法，是因为专家在各种会议上都曾说过，而该说法是否准确，记者无法核实也没有能力核实；还有记者解释，很多媒体都报道过该说法，转述一下没什么问题，何况为了环保说得过分一点也没关系。

我们通过询问专家、网络检索，并多方联系，最终找到这一说法的来源——国家发改委能源研究所副研究员刘虹。

据她回忆，她五六年前从松下电器公司召开的一次内部研讨会上得到了这一数据，后来不知在什么场合引用后被媒体报道出去。她认为，这只是实验室

内研究数据，无法验证其真实性，也无法证明在自然环境中能否这样类比。

专家援引其他专家的不明确观点，媒体转述其他媒体的不实说法，这在当前的喧嚣舆论环境下，并不少见。而据了解，人民日报是这一说法流传多年来首家对此查证并辟谣的媒体。

一位接受我采访的专家说得好："汞污染怎样定量，目前没有一个权威数据。我们还是应该有一说一，不要夸大。"

我深表同意，"有一说一，不要夸大"，既是做科学研究时的态度，更是做新闻报道时应有的态度。

05

第五辑

选题策划是 挖掘 出来的

- 作为编辑记者,一辈子能遇到几次可以"多做几个菜的肉"?遇到了这样的肉,又有没有能力水平做好菜、多做菜?这些问题,值得思考。

- 热点事件,热点源于关注;谣言过程,未知带来恐慌。热点事件的"热力值",谣言过程的"恐慌量",都有从"量变"到"质变"的一个增长阶段。辨别量变质变转换的关键点,在舆情应对中至关重要。

- 复合型、混合型舆情事件日益增多。就如一场战役包括若干战斗一样,一轮复合型、混合型的舆情事件,往往包括了多次热点转向、角度调整甚至完全反转的新闻波次。

- 反转新闻何其多。把握"慎之又慎"的原则,绷紧"万一不是"这根弦,采取"核之又核"的工作态度,才能尽最大努力消除突发事件、热点新闻报道出现偏差的可能。

- 在大家都热的时候,一定要格外冷静。一哄而上抢的是新闻,戳破泡沫更是大新闻。找到了点,走对了路,后发也能先至,后发也出新闻。

- 新闻人"见事"更要"见势"。既要看见事实变动、事件发生、事物发展,更要注意洞察背后的形势、态势、趋势。

一块肉要多做几个菜

"一块肉要多做几个菜",这是人民日报社原副总编辑、作家梁衡提出的观点。

梁衡在文章《我的成名作》中,曾追忆自己的一桩新闻往事。1980年,作为光明日报记者的他,到山西忻县农村采访,发现了一名自学成才的养猪人才岳安林。因为家庭出身不好,岳安林曾考上清华大学又被退回农村,回乡后又长期遭到不公平待遇。然而,在改革开放的春风中,岳安林抓住了机会,向公社承包了此前一直亏损的养猪场,利用知识科学养猪,一举扭亏为盈、大获成功。

写岳安林的通讯才1800字,却引起了极大反响。读者给报社的来电、来信一直持续了五六个月,而岳安林就收到3000多封来信。梁衡回忆说:

记得我的一位当炊事员的邻居说过,有经验的厨师,两斤肉就能做一桌席。那么一个好记者,应该用一个素材写出尽量多的东西,这样才不枉费那块好料。于是我就岳安林这个题材,写了通讯、消息、人物介绍、记者来信、问答、连环画等,先后在八种报、刊、书上发表,我使出浑身解数制造了一股"岳安林热"。后来写他的报告文学先后获得"青年文学奖""赵树理文学奖",连同通讯获得的"好新闻奖",在这一个题目上就得了三项奖。

一个题材,八种报、刊、书上发表;一个题目,得了三项大奖,让人不得不感慨梁衡对于新闻的敏感和挖掘,因而对他提出的"一块肉要多做几个菜"的观点,产生了更强烈的共鸣。作为编辑记者,一辈子能遇到几次可以"多做几个菜"的"肉",遇到了这样的"肉"又有没有能力、水平"做好菜""多做菜",

这些问题，值得我们每个新闻人思考。

"你遇到过可以'多做几个菜'的'肉'吗？"我这样反躬自问。细细梳理，大概有那么一次，可以算作"把肉多做了几个菜"，得到过业内和社会上的些许肯定。但是，我写作此文并非打算夸耀这些赞誉之词，只是想，那块"肉"和做出的那几个"菜"，背后的"采购"和"烹饪"过程似乎值得分享一下。

这块"肉"，名曰"PX"。

第一道"菜"："探析PX之惑"系列报道

PX，"对二甲苯（P-Xylene）"的简称。

PX用途很广，与我们日常生活息息相关。PX下游主要用于生产PTA、PET（化工原材料），并最终用于生产衣服、饮料瓶、食用油瓶等。在工业应用中，PX主要用作生产聚酯纤维和树脂、涂料、染料，在生产香料、医药、杀虫剂、油墨、黏合剂等领域都有广泛应用。

谁能想到，就这两个简简单单的英文字母简称，一度在多个城市引发游行，不少重大投资项目被迫搁置，也让无数网友争辩不休，网络气氛剑拔弩张。

说起PX事件，必须从2007年厦门PX事件说起。

2007年3月，全国两会期间，多名全国政协委员联名建议厦门PX项目迁址，这让厦门PX事件进入公众视野。其后，历经市民"散步"表达意见、公众座谈、网络投票、国家环保局二次环评等过程，当地最终决定将项目迁址漳州。

然而，令人没有想到的是，伴随着一次次选址争议、市民抗议以及厂区爆炸等事件，"反对PX"的声浪在各地一阵高过一阵。

2008年，成都市民反对PX项目；2011年，大连市民反对PX项目；2012年，宁波市民反对PX项目；2013年，昆明市民反对PX项目；2013年和2015年，位于福建漳州雷古的PX工厂两次发生爆炸……

《用什么终结"一闹就停"困局》《PX不该成一道无解的题》《拿什么拯救你，PX项目？》……媒体评论声声恳切、言辞犀利，但PX争议依然无尽。

从2011年，我们就开始关注PX话题，推出了首篇报道《PX项目风险有多大》，围绕"（PX项目）要离城市100公里吗？""产生的有害物质能否处理？"

等疑问进行了求证报道。但总体上仍然受限于篇幅，一些问题并未讲透，国外PX项目布局等情况都是通过专家之口介绍的，缺少记者实地采访的内容。

2012年10月，宁波发生市民反对PX事件，人民日报《求证》栏目组就决定迎难而上，推出一套全面呈现PX官民争议、产业发展困境和前景的系列报道。考虑PX话题的极端敏感性，我们定下了"两不能""两要"的报道原则和"三步走"的采访调研计划：

"两不能"：一不能回避群众关心的问题，二不能回避产业发展问题。

"两要"：一要全面、平衡呈现正反观点和中外意见，二要态度平和、分析理性。

"三步走"：第一步，哪里有争议就去哪里采访——国内调动记者，进入反对PX的宁波、昆明等城市一线，了解事情缘由、听取市民诉求；第二步，哪里发展得好就去哪里采访——国外调动记者，到日本东京、韩国蔚山、新加坡、美国休斯顿等地采访，搞清楚为何国外能实现"PX装置与居民区仅一路之隔"，探寻"共存之密钥"；第三步，哪些专家权威就找哪些专家采访——国内外调动记者共同采访专家，既采访支持产业发展的专家，也采访反对PX项目声音较大的专家，只要曾经有理有据支持或反对过的专家，我们不预设观点、不带立场态度，争取都能采访到一两位。

作为第一时间派到宁波PX事件一线的记者之一，我至今还记得"暗访"化工厂和"私访"村民的那一幕幕画面。

我们是不打招呼、隐姓埋名前去采访的。2013年10月底，飞往宁波时，我和同行记者郭万盛的手机里，只有报社同事一位亲戚"小A"的联系方式。此行心中无底，关键是能不能找到人采访？不会惹什么麻烦吧？一系列问题萦绕在心头，我和万盛一路上讨论，不觉间就到了宁波。

"小A"驾车来接我们，然后找了一家"如家"入住。简单休整后，我们一行直奔镇海区蛟川街道南洪村。此前我们已经了解到，蛟川街道南洪村、棉丰村和招宝山街道后大街社区、白龙社区的村（居）民，是此前宁波市民群体性事件中反映意见最激烈的群体。

站在一条水渠边，我和万盛两人再次"沙盘推演"了一遍采访提纲。绿幽幽的渠水看不出流动的样子，还散发着不明的味道。远处就是南洪村，村居以楼房为主，门前一般都有小院，路面作了硬化。我在心里想："这些条件可比我湖北老家好多了。"那时，我老家农村还是黑瓦屋顶的老屋，而这里已经遍地楼房了。

可住楼房的村民有很多自己的烦恼。几天前，在PX事件中，他们中的一些人打着横幅，走上街头与警察对抗。在这样的背景下，我们实际上也是带着忐忑之心走进村里的。

进村遇到的第一个村民是76岁的马有福老人。一开始，我们仅介绍自己是"来了解情况的北京记者"。老人用不相信的目光看着我们陌生的面庞，犹豫着要不要搭理我们。但当我们进一步介绍自己是"人民日报记者"后，他突然放心了，回身朝院子里用方言喊了一声，又出来了3个中年人。4个人围着我们，开始用不标准的普通话介绍起南洪村村民的诉求来。

几十年前，中石化镇海炼化分公司在此落户时，附近还多是农田池塘，如今化工项目已与附近村庄几乎"唇齿相依"。镇海炼化提出上马炼化一体化项目（内含PX项目）之后，棉丰村等村被纳入拆迁范围，而与棉丰村一路之隔的南洪村却迟迟未听到拆迁的动静。

"你们愿意被拆迁吗？"我问的时候才发现，我们两个记者已被村民里三层外三层地围了起来。听我问了问题，不少村民乱哄哄地抢答："我们要求拆迁！""我们就是想拆迁！"

这与我以前的认知完全不一致：很多地方的群体性事件都是源于不愿意被拆迁，而南洪村村民却是因为没有被纳入拆迁而不满。此前，人口1000多人的南洪村，派出100多名代表前往区政府上访，为的正是拆迁事宜。

请村民们安静下来后，我让马有福老人代表村民继续介绍情况。原来，还是污染惹的祸。马有福等人介绍，附近的村子紧邻化工项目，近的仅隔一道绿化带，而化工厂对环保措施做得又不到位，"村里从2000年起，生病的人越来越多，都是身边有名有姓的。"马有福说，"大家都觉得是附近化工厂的污染带来的"，虽然政府和专家说PX是"低毒"，但村民闻得到化工臭气，感觉政府和专家不可信。

一个村民指着远处的洼地大声说："化工厂白天不敢排废气，就在夜里偷偷排。废气专往低处流，你们要是凌晨三四点来看，这块地方就是雾蒙蒙一片，又臭又浓。"

石塘下村党支部副书记罗明良也是同样的说法。罗明良说，他们能明显感觉污染近年来更严重了，"粉尘多了，气味重了，希望能对小化工厂进行整治，不达标的要一律关停。"罗明良还提出了一个令人惊讶的担忧："我们不仅担忧偷排造成污染，还担心管理不善带来的爆炸。"

会爆炸吗？第二天上午，我们想办法来到化工厂附近采访。刚刚就位，突然听到附近一声巨响，不一会儿消防车就赶了过来。虽然不知道发生了什么事情，但我们坚持在警戒线外完成了采访。后来才得知，这是化工厂内部发生的一次爆燃，离我们也就不到1000米，相当危险。

事实证明，采取暗访的方式，极大减少了采访的阻碍，帮助我们顺利地从一线获得大量鲜活的一手材料。而实际上，在这组报道的采访中，像这样一帆风顺的过程，其他记者都没有遇到过。据其他记者介绍，他们的采访几乎是在被拒绝中一路走来的，也是在突破中一路前进的。

从国内来看，2012年以来，舆论压力加大，国内的PX企业甚至下游企业一概拒绝采访，地方政府也唯恐避之不及；甚至原本已答应匿名采访或提供内部资料的有些企业和政府部门，也不再配合。

在国外，我们联系了很多PX企业，全都遭遇闭门羹。也能理解，谁会给自己的竞争对手说话呢？

我们也想过迂回前进。从网上得知某副省级城市曾组织过PX境外访问团。一联系，我们的驻地记者是该团副团长，他跟我们实话实说，这次外访并不顺利，很多外国企业的核心场所没进去，还受到诸多限制和各种拒绝，很多真实情况并没看到。

难度很大，就放缓了节奏。我们利用到宁波、昆明PX事件一线调研的机会，请记者充分接触、采访各方专家，逐步积累了专家资源，与业内建立了联系。与此同时，针对"绕不开"的采访对象中国石油与化学工业联合会，专门请报社领导、跑口记者轮番游说，最终对方松口"见见面"。结果哪想到，一见面就聊得很愉快，拿到了关键的产业发展数据。

2013年初，经过将近半年的努力，海外采访也取得突破。尽管韩国企业拒绝采访，但驻韩国记者万宇还是利用其他机会采访到了韩国相关产业部门和协会专家，实地走访了蔚山石化园区；驻日本记者刘军国借采访其他题目的机会，

"声东击西"地进入了日本 PX 生产企业。

有一组数字,能够说明报道背后的付出——

1 年时间准备

系列报道由人民日报《求证》栏目组统筹策划,进行了 1 年的前期调研准备,具体包括资料搜集、重点地区调研、采访攻坚等。

7 地国内外联动采访

涉及日本东京、韩国蔚山,中国宁波、昆明、北京、大连、香港等地,还曾尝试在新加坡、美国休斯敦、荷兰鹿特丹等地联系采访,但被拒绝。事实上,除了香港采访专家比较顺利,其他地方都不好突破。

18 名编采人员参与

后方编辑团队 10 人,有文字编辑、资料编辑、美术编辑等;前方记者 8 人。

4000 字采访提纲和数万字采访资料

采访提纲针对不同记者进行设计,采访上要求记者多多益善,最后由版面统筹编辑。

既是好事多磨,也是厚积薄发。

在前后将近一年的调研采访之后,多方面情况得以厘清。我们发现,群众对 PX 项目的反对焦点,已从早年的"PX 毒性",直指 PX 企业安全生产和政府监督管理。但各类媒体对 PX 项目的报道评论重点,还多集中在 PX 毒性解释,或在单个 PX 事件的问题里打转。与此同时,群众对 PX 产业的重要性认知不够,对国外 PX 产业发展的状况也不了解。

PX 争议,不仅是科学问题、环保问题,更是政府管理问题、安全生产问题;PX 项目建设,也不仅仅是地方发展问题、产业投资问题,更是国家战略问题、国际产业竞争问题。

立足于所有资料,我们一口气推出"探析 PX 之惑"系列 4 篇报道:《PX 产业,我们可以不发展吗》《日本 PX 工厂如何保障安全》《韩国 PX 积极扩容增产》《PX 如何走出困境》。报道深入挖掘群众的 PX 焦虑根源,反思安全监管漏洞,探析困局破解之道。

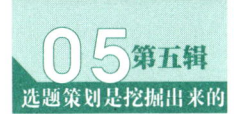

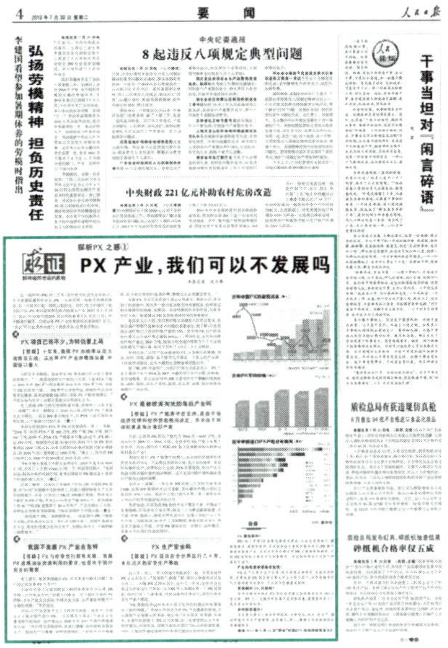
4 要闻 人民日报
中央纪委通报
8起违反八项规定典型问题
弘扬劳模精神 担负历史责任
干事当坦对"闲言碎语"
中央财政221亿元补助农村危房改造
探析PX之惑①
PX产业，我们可以不发展吗
质检总局查获违规仿真枪
碎纸机合格率仅五成

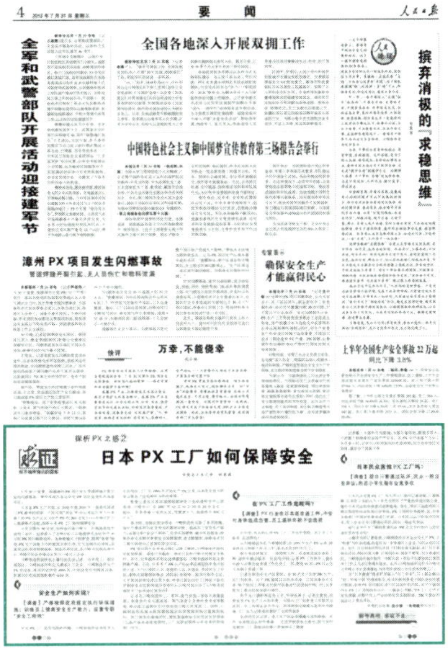
4 要闻 人民日报
全军和武警部队开展活动迎接建军节
全国各地深入开展双拥工作
中国特色社会主义和中国梦宣传教育第三场报告会举行
摈弃消极的"求稳思维"
漳州PX项目发生闪燃事故
确保安全生产才能赢得民心
万幸，不能侥幸
上半年全国生产安全事故22万起
探析PX之惑②
日本PX工厂如何保障安全

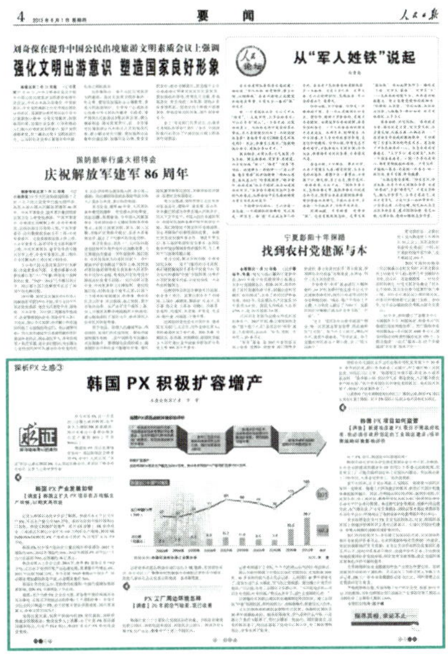
4 要闻 人民日报
刘奇葆在提升中国公民出境旅游文明素质会议上强调
强化文明出游意识 塑造国家良好形象
从"军人姓铁"说起
国防部举行盛大招待会
庆祝解放军建军86周年
宁夏彭阳十年探路
找到农村党建源与本
探析PX之惑③
韩国PX积极扩容增产

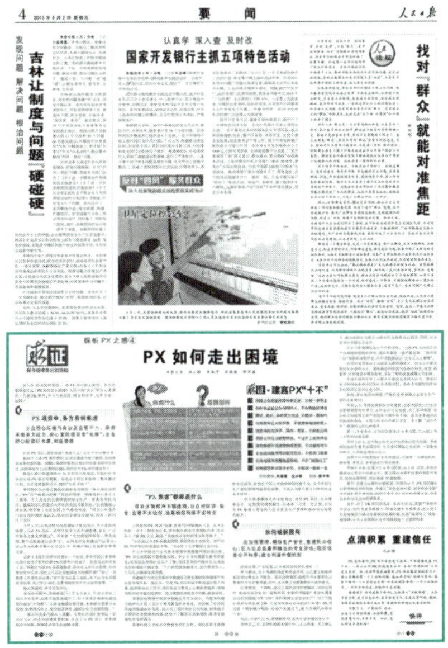
4 要闻 人民日报
认真学 深入查 及时改
国家开发银行主抓五项特色活动
吉林让制度与问题"硬碰硬"
找对"群众"就能对准焦距
探析PX之惑④
PX如何走出困境
点滴积累 重建信任

系列报道前三篇，从产业发展和安全生产的高度，重点谈了国内PX产业发展的弱势和不足，同时走访日韩企业，客观展现日本工厂加强安全生产和韩国产业界积极增产抢占市场的“他山之石”。第四篇《PX如何走出困境》，毫不避讳遇到的问题，报道开头就是我在宁波“暗访”了解到的真实情况：

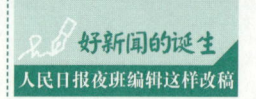

2012年宁波PX事件期间，记者在镇海当地了解到，其间掺杂诸多利益纠葛。前期以南洪村等项目周边村民要求将村庄拆迁、反映情况为主；后期则以城区居民反对PX项目建设为主。

镇海区蛟川街道南洪村76岁村民马有福说，开始村民并非因反对PX项目而聚集，而是由于村庄未能纳入整体搬迁计划。在区里同意拆迁后，他们"已经不闹了"。

事件转折点出现在镇海区政府发布炼化一体化项目说明后，"PX"这个敏感词刺激了居民的情绪。镇海是浙江重点化工基地，化工企业的污染排放和安全生产一直备受居民关注。镇海招宝山街道后大街社区居民吴嘉芬说："以前镇海山清水秀，现在被工业区包围，空气都有味道。"招宝山街道西门社区的叶楚明也认为，政府应加强生态建设，别再上新的化工项目。

这组报道刊发后，可谓一时"洛阳纸贵"。

"人民日报连续关注PX"成为当时连续多天的首页头条新闻。此后，福建、浙江、河南、云南、四川等多地政府将报道集结成册，供干部群众学习研究。后来，这组报道因调查扎实细致、立场客观理性，还获得了第二十四届中国新闻奖一等奖。在第二十四届中国新闻奖获奖作品研讨会上，复旦大学新闻学院的老师说，他曾实地去宁波镇海等地了解PX风波的来龙去脉、群众诉求，最后发现相关情况跟人民日报的报道一致，"人民日报的报道是实事求是的"。

第二道"菜"：《PX，一场特殊的"科学保卫战"》

《PX，一场特殊的"科学保卫战"》是我们围绕PX推出的第二道"大菜"。不仅人民日报要闻四版推出长篇报道，而且当天人民日报一版还少见地在报眼位置摘编刊登了消息。

这组报道讲述了一个看起来不怎么大的小事——

PX的网络词条，不知什么时候被网友从"低毒"篡改为"剧毒"。这个细节，让清华大学化工系学生敏感地注意到了。对方改为"剧毒"，清华学子就改回"低毒"，如此这般，竟然"拉锯"好多次，最终引发网络上更多网友的关注，科普的战场进一步拓展到了更多网站,人人、知乎等网站上相继出现了更多关于PX科普的解读文章。修改、反修改……多个回合过后,执着的清华化工学生最终取得了这场词条保卫战的胜利,词条所在网站采取技术手段,将PX词条锁定在"低毒化合物"的描述上。

PX词条修改,怎么看都是一件小事。但在2014年3月底4月初,却有着特殊的新闻背景和社会意义。

3月30日,广东茂名市发生反对PX游行,引发海内外舆论极大关注。4月2日,境外媒体编造传播"坦克出动、茂名死伤严重"的谣言,引发网络疯转。次日,人民日报四版《求证》栏目和其他媒体及时对谣言进行了驳斥,舆论后来渐渐平息。

就在这时,4月3日晚,我们通过清华学生获得一条线索:清华化工系学生正在自发捍卫百度PX词条"低毒"的描述。

线索似乎很小,但如果把它和PX游行、PX抹黑等新闻放在一起,却显得十分可贵。一群清华学生连续几天坚守网络,捍卫PX低毒描述,其实是给全国人民做了一场很生动的科普教育。而且,此事是近年来国内发生的5起反PX事件中,唯一一个民间自发形成的理性对抗非理性的较量。因此,编辑组认为非常具有报道价值,要求立即跟进联系、充分采访。

4月4日、5日,在我和另一位主编罗彦的指挥下,4名记者马龙、刘先云、吕毅品、李刚分工协作,将十几位相关学生全部找到采访,还进一步采访了化工系教授、传播学者以及广东茂名当地的市民等。5日晚,稿件传至夜班后,编辑组从还原事件全貌、展示PX认知误区、探讨科普责任承担三个层面进行了编辑和呈现,力争既全面展示事件的紧张过程,又从深度上给人以思考和启迪。

这一报道见报后的影响是我们一开始没想到的。人民日报在中央媒体中率先报道并定义了这场"科学保卫战",不仅受到中央领导批示肯定,更直接推动"科学保卫战"一词大范围传播。4月6日,中央电视台"新闻联播"和"焦点访谈"跟进报道,新华社也播发了报道;南方日报、新民晚报等报纸和《科学之友》杂志等还进行了转载;新京报、长江日报等大量媒体对此发表评论;4月8日,知名网络专栏作者徐达内还撰写了名为《"科学保卫战"》的文章回

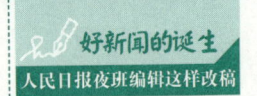

顾舆论发展。一时间,"科学保卫战"成为新闻热词和舆论热点。在次年的中国新闻奖评选中,该报道获得中国新闻奖文字通讯三等奖。

参与采访的一名记者后来这样回忆:

2011年9月,推出《PX项目风险有多大》,解释了PX是什么,最初的科普求证。

2012年10月,宁波PX事件发生后,针对PX开展调研和调查。

2013年7月,经过近一年的准备,推出"探析PX之惑"系列报道。

2014年4月3日,针对茂名反PX游行的死伤谣言,刊登辟谣报道。

2014年4月6日,清明节假期时,推出《PX,一场特殊的"科学保卫战"》。

我们能快速推出深度报道,除了采访技巧上的谋划,还源于长期的观察与积累。

围绕PX一个主题,能够连续两年获得中国新闻奖,这应该还是比较少见的。

2015年,在一次好新闻研讨会上,我发言说:"遇到好的题目,既要盯住了精心培育,这样结出的果实才能越来越大;还要攥紧了吃透嚼烂,这样榨出的果汁才会越来越多。"

"果实""果汁"的观点,与"肉""菜"的观点,是不谋而合、异曲同工。

一个等了6个月的新闻支点

一个系列报道，见报之后第二天，就得到总编辑200多字的批示肯定，获得"记录历史进程又推动历史前进"的评价；见报之后又两年，个人信息保护列入国务院立法计划、写入刑法修正案（七），从此个人信息保护立法进入快车道。

这个系列报道，就是2007年11月15日、16日和19日，在人民日报政治新闻版连续推出的"关注个人信息保护"上中下3期系列报道。

虽然"关注个人信息保护"系列报道已是10多年前的往事，但至今回忆起来，感觉好像就在昨天。原因就在于，其反映的个人信息保护难题，至今仍是全民热议话题，不时有新的事件引爆舆论；其倡导的个人信息保护立法，历经14年，终于实现专门立法，而我们每个人，都曾亲身经历这个历史过程。

从2008年开始，历经国务院酝酿、全国人大常委会多次讨论，"个人信息保护"先列入国务院立法计划，再写入刑法修正案（七），后进入专门法律的立法程序，终于在2021年8月20日，《个人信息保护法》经十三届全国人大常委会第三十次会议审议通过，并于当年11月1日起正式实施。

个人信息是重要的数字资产，保护好每个人的个人信息，如今已成为共识。然而，时间倒回至十四五年前，个人信息得不到保护是普遍状况，法律规定还是一片空白，"个人信息保护"对大多数人来说是一个陌生的话题。就在这时，人民日报政治新闻版敏锐地发现了问题所在，以通八栏的三期报道，以讲故事、中外联动的方式，将这一话题浓墨重彩地推至舆论视野中央，此后其他媒体纷纷跟进。这组报道虽然不是首个关注个人信息保护话题的报道，但从目前留存的资料来看，它应该是当时报道规模最大、展示问题最系统、舆论影响最突出的个人信息保护主题报道。以"个人信息保护"为关键词，在人民日报历史数据库内检索，在政治新闻版这组报道之前仅有6条相关报道，然而，在此之后的第二年，有了9条报道，后来逐年增多，直至今日已累计有500条报道。

时任人民日报社总编辑的张研农同志，对这组报道给予充分肯定，他不仅以前瞻的眼光指出这组报道的意义，还着重强调了新闻报道的历史责任和新闻工作者的光荣使命——

今天的新闻，是明天的历史；新闻报道，记录现实也推动历史。我们应当有这样的自觉，通过我们的各类题材的报道，包括独家、深度、言论、述评等，能够紧密地围绕中心，服务大局，对党和国家的工作实施起推动作用，对各级党政干部的科学决策起参考作用，对广大读者正确认识形势任务和各种社会现象起启发作用。开辟中国特色社会主义更为广阔的发展前景，新闻工作大有可为，新闻工作者使命光荣。

翻开我当时写的业务手记《找准新闻的支点》，仍能从字里行间感受到当时报道反响之热烈、选题策划之艰难、稿件写作和报网互动之匠心。

有了好的选题，还要选好最佳角度、等待最佳时机，讲好故事，做好传播，每一个环节都不可忽视，才能产出优秀的新闻产品。

【附】

找准新闻的支点

"关注个人信息保护"系列报道见报后,获得了其他媒体和读者的热切关注。人民网、新华网、新浪网、搜狐网、中国新闻网、中广网、中国政府网等几十家网站进行了转载。其中,人民网连续两天将其作为首页头条新闻推出,并精心设置了专题网页及时跟进,在人民网网友热点新闻排行榜上,该系列报道连续两天占据首位,政治新闻版与人民网的联合调查也得到了网友的热情参与,共吸引近万名网友投票。

此外,报纸、电视台等传统媒体也纷纷跟进,中央电视台《马斌读报》栏目摘读了《百万股民信息 网上违法叫卖》,北京电视台、成都日报、大众日报、黑龙江日报等几十家地方媒体以人民日报报道为由头对个人信息保护问题也进行了报道,新华社对外部还参考人民日报相关报道向海外编发了一组英文稿。可以说,由人民日报政治新闻版发轫,个人信息保护在全国范围内形成了关注焦点和报道热点。

一、苦等新闻"支点",好策划一搁6个月

"关注个人信息保护"系列报道在2007年11月上旬见报,但策划起因得追溯到2007年6月前后。

2007年6月初,社科院法学专家周汉华教授联系政治新闻版编辑肖潘潘,说将有一个关于个人信息保护的研讨会在社会科学院举行,请求关注。此后,他通过快递寄来一份厚厚的材料,其中包括《个人信息保护前沿问题研究》等数本"大部头"专著。

专著读起来学术味十足,论文的专业词汇也是一个接一个,尽管如此,"个人信息"这个词语还是引起了我们的浓厚兴趣。

什么是个人信息?个人信息为什么需要保护?当前中国对个人信息的保护到了何种程度?……在政治新闻版的内部策划会上,大家一致认为,在网络时代、信息社会,"个人信息"是和每个人都密切相关的话题,做足文章将会引来关注。具体讨论时,果然引发一连串感慨——

有人说，自己3年前曾经报考过公安部的公务员，可至今身份证号码还在网上挂着，可以随便查到，十分担心；有人说，好不容易搬了新居，可垃圾短信、电话响个不停，下了夜班回家想好好睡个觉都不行；有人说，一个朋友因为他人冒名购车后拖交贷款，而被银行列入"黑名单"，惹来麻烦一串串……

热烈讨论中，"个人信息"从专著中走下来，成为一个个生动鲜活的故事，关注个人信息保护这个选题的"轮廓"也越来越清晰。一个策划似乎即将出炉，这时胡果主编提出，这些故事虽然生动鲜活，但缺乏能够击打读者神经、夺人眼目的事件性新闻，如果能有这样一个有分量的新闻事件作为策划头篇，就能够有力地带动策划、盘活素材、推动实践前进。

此后，就是漫漫6个月的等待。其间，还有一次撤稿的经历。

10月，白班编辑找到一条线索：郑州一公司利用GPS技术，对员工进行即时定位。因为急于推出个人信息保护系列报道，我们原想等地方记者采写的稿件一回来，就作为头篇推出策划。

这条稿件上报选题策划会后，有人提出意见：手机定位案虽属个人信息被侵犯，但还是个案，不够典型，建议单独刊发，策划再等一等。

到了11月，好线索出现了。11月14日晚上，肖潘潘与珠海同学聊天时，听他在电话中称："最近莫名接到很多提供股票信息的电话，不胜其扰！"到底怎么回事？当即上网搜索"股民信息"，让人大吃一惊，百度搜索引擎网页竟然跳出了1140万个网页，赫然居首的就是中国股民名单网等网站，这些网站号称通过内部渠道获得股民资料，然后分门别类叫卖，十分猖狂。

在网上查找其他媒体报道，只有齐鲁晚报一家曾以小篇幅报道过类似情况。在其时股市大热的情况下，这篇报道一旦抢先做好，显然会成为拥有高关注度的全国独家。

第二天一早，肖潘潘就开始采访相关方面情况。以"购买股民信息"的名义，记者通过QQ"采访"了中国股民名单网的工作人员，QQ上的IP显示对方服务器设置在广东深圳。通过信息产业部，记者得知这些网页均为未登记的违法网站。通过业内人士，记者还进一步获得了更让人惊心动魄的内部资料……采访全在一天内完成，上午、中午采访写作，下午交给夜班编辑，晚上上版，整个流程一气呵成。

至此，苦苦寻觅的新闻"支点"浮出水面，《百万股民信息 网上公开叫卖》见报，搁了半年的策划顺势而出。

二、找准独家"落点"，"大路素材"提炼独家选题

头篇抓了"独家"事件性新闻，为系列策划增色不少，但整组策划的成功，也归功于从"大路素材"中提炼的独家角度。

在网络技术飞速发展的时代，在社会信用加快建立的今天，个人信息受侵犯的现象并不鲜见，却一直是社会管理、立法领域的空白和盲点。谁泄露了我们的个人信息？谁在利用信息牟利？怎么保护个人信息免遭侵害？这一连串社会管理上的问题与每个人息息相关，却少有媒体系统报道。

与此形成鲜明对比的是，个人信息受侵犯的各种抱怨、投诉却时时见诸报道。报考一次公务员，身份证号码却在网上挂了3年；好不容易搬了新居后，垃圾短信响不停……这些接踵而至的烦扰，发生在我们每个人的身边。就每个孤立的事件，其他媒体包括本报也曾进行过报道，但也仅限于就事报事，发掘了新闻的第一层面价值而已。

其实，这些孤立事件并非完全孤立，它们的共性即"个人信息受侵犯"。如果将这些孤立的事件看作散落的珠子，"个人信息受侵犯"则是一条红线，可以串起这些毫不起眼，甚至司空见惯的珠子。一旦串成项链，珠子就发出了夺目的光彩。通过"个人信息受侵犯"这个"落点"和"纽带"，整个策划就用不是独家的"大路素材"打造出了独家新闻。

何为独家？人无我有的新闻故事，最先报道的突发事件，仅此一家的信息披露……不少独家新闻依靠的是时间上的"先发"、来源上的"专有"，这类独家新闻占据了所有独家新闻中的绝大多数。然而，在当今资讯非常发达的时代，时效、来源日趋同质化，从而对独家新闻提出了越来越高的要求，在此种情况下，新角度、新视点更容易出独家，这类独家要么具有独特的视角，能从普遍、一般中发现特殊；要么能将散见于各个领域、纷繁事实的新闻事件，通过联系、统一地分析，发现更为重大的意义。可以说，这类独家整合了新闻事件的价值，提升了新闻事件的影响力。

三、展示故事"看点",速读时代提升引导水平

有人说,今天是个"速读时代"。如何抓住读者的目光?讲故事是个行之有效的好办法。

人们往往可以拒绝观点,但无法拒绝故事。运用讲故事的手法,是把新闻做得好看的有效手段,更是增加报道可读性的一条途径。仔细看看历年来的新闻作品名篇,就会发现越有故事性的越有生命力。

"关注个人信息保护"系列报道之所以能够获得如此大的反响,与其讲故事的叙述手法密不可分。

上篇《百万股民信息 网上违法叫卖》,通过记者亲身调查,揭露网络倒卖股民信息的惊人消息,有亲历、有对话、有细节,故事味十足,可读性极强。见报当天,就登上人民网和新华网首页头条。中篇《谁动了我的个人信息》,以4组新闻故事组合推出,分别通过不同新闻人物的遭遇,表现了网络、物业、求职和银行等不同领域的个人信息泄露,每个新闻故事见人见事,又短小精悍,配发专家点评点到为止,充分考虑了读者的阅读需求,力求抓住读者的兴趣。下篇《个人信息人家咋管》约请驻中国香港、美国、法国记者讲述亲身经历,将新闻做得更贴近、更可亲。

在首篇《百万股民信息 网上违法叫卖》中,记者还梳理出四类最为抢手的个人信息,读来至今仍不过时——

据业内人士介绍,除了股民信息外,在网络上,目前有4类个人信息最为抢手。

新楼盘业主。他们是中介、装修公司的最爱,公司通过各种渠道拿到刚收房业主的资料后,就会挨个"扫"一遍,而这时业主还没有产生抗拒心理,成功率比较高。

私车车主。买得起车的人一般被认为具有一定的消费能力,因而除了汽车维修店之外,车友俱乐部、人寿保险、保健品、高端礼品、会议等各种业务都会主动找上门。

企业老板与经理人。这个群体属于高端客户,是大大小小服务机构争相拉拢的对象,同时也是高档会所以及各银行VIP卡用户、高尔夫球俱乐部主要的客源。

新生儿父母。这是很容易被人忽略但同样重要的人群。产妇们都应该有这样的经历：宝宝还没出生就招来了奶粉商和胎毛笔商；出生之后，婴儿摄影机构的电话总能掐准时间；接着，保险公司、早教机构纷至沓来……

刚收房就被装修公司骚扰个不停，上海静安区居民胡先生忧虑地说，我不清楚有多少人知道我的个人信息，也不清楚他们是通过什么渠道知道的。"有时候想想挺可怕，感觉就像被扒光了衣服扔在大街上。"

四、扩大互动"热点"，参与式报道融入新闻策划

眼下，媒介环境发生了深刻变革，以互联网为代表的新媒体迅速发展，为传统媒体带来挑战的同时，也提供了一种全新的互动形式。报纸与读者之间平等交流、双向互动更加方便，报网互动逐渐成为报纸充分发挥其新闻和原创内容供应商的优势，通过与网络优势互补，一方面能够实现与读者双向互动、平等交流，另一方面能够更为广泛地覆盖到传播空白点（尤其是以网络为主要信息来源的青年人），扩大报纸影响力。

大报大网，同时兼备，人民日报社无疑拥有报网互动的独特优势。在"关注个人信息保护"系列报道中，报网互动在策划之初就纳入考虑。

推出系列报道前一晚，政治新闻版编辑就精心拟好调查问卷，发至人民网调查频道责任编辑处，次日文章一见报即推出网络调查。2007年11月15日，本报政治新闻版如期推出"关注个人信息保护"上篇，人民网同时推出"谁来保护我的个人信息"网友调查，引起热烈反响。截至11月16日零时，短短一天，共有3500多人次网友踊跃参与调查，讲述自己的经历。

11月16日，采撷网友事例写成的报道及根据人民网调查数据撰写的消息一经见报，顿时成为各大媒体关注的焦点。当日，新华社对外部记者致电本报编辑部，详细了解了网络调查数据，并据此对海外发布了英文稿件。此后数日，共有上万名网友热情参与联合调查，为后续报道提供了翔实的数据和素材。12月3日，人民网强国论坛专门邀请个人信息保护法专家、建议稿课题组组长周汉华教授访谈，将报网互动推向了更高处。

让报网互动成为策划的习惯，让读者成为新闻报道的参与主体，是网络时代应具备的报道思路，也是对人民日报开门办报传统的发展和深化。

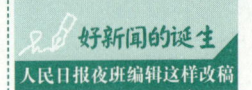

探索以证据为核心的调查性报道

自 2011 年 1 月 27 日在人民日报要闻四版开栏以来，截至 2013 年 1 月 23 日，人民日报《求证》栏目恰好走过两年，共刊登了 130 期报道[1]。

从开栏立足点"阻击社会谣传、还原事实真相"，到倡导价值观"传递理性声音、弥合社会裂痕"，《求证》栏目要求不回避敏感事件，不轻信专家之言，务必多信源采访，务必拿到一手证据。这种以证据为核心的报道模式，树立了鲜明的栏目特色，也取得了较好的社会效果。

为什么做《求证》——众声喧哗中纷乱信息真假莫辨

《求证》诞生于各种新兴媒体蓬勃发展之际。网络让人们享受海量信息的便利，也饱尝"雾里看花"之苦：许多凭空捏造的信息四处散播，各种似是而非的观点以讹传讹、真假难辨。

比如，2011 年 3 月，因日本地震引发的海盐辐射传闻导致国内出现抢盐风波；2011 年 4 月，谣传"阴性艾滋病"导致人们恐慌；2011 年"7·23"动车事故后，一份"29 人失踪名单"在网上大量转载，引发网友激烈情绪；2011 年 12 月，谣传印度尼西亚垮塌大桥为中方援建，使中国对外援建工程质量被质疑；2012 年 5 月，某国际环保组织称中国茶叶农药残留超标，加剧国人对食品安全的担忧；2012 年 9 月，国外某记者发布北京奥运场馆闲置照片，引起网友热议；

---

[1] 本文写在人民日报《求证》栏目探索两年之际。

2012年10月,"加碘盐诱发甲状腺癌"的流言引发对中国公共卫生政策的强烈抨击;2012年10月30日,日本富士新闻网称中国公务员考试报名中海监船员报名者为零,在国际上形成恶劣影响;2012年11月底,指责玉树政府烧帐篷逼迫群众搬迁的传言在网上流传;2012年12月,辽宁丹东80后美女副市长被质疑提拔程序不合规,事实如何无人调查;2013年1月,联合国官方微博指责中国政法大学存在招生歧视……

这些信息借助网络手段迅速蔓延扩散,对国家形象、政府政策、人民生活造成恶劣影响。真相究竟如何,迫切需要主流媒体在众声喧哗中发出真实、理性、客观、权威的声音。

"主流媒体若想位居主流,就得做互联网纷乱信息的过滤器,做网络偏激情绪的缓释剂,做国民心态的压舱石。这是主流媒体应尽的责任,应有的气度。"正是在这一背景下,人民日报创办了"求证"栏目。

《求证》是什么栏目——阻击谣传的深度调查性报道

《求证》是什么栏目?

"求真务实是党报的品格。帮助公众辨真伪、明是非,是媒体的职责。我们今起开设《求证》栏目,对各类争议新闻、疑点事件进行探寻,力求通过严谨核实与深入调查,澄清事实,还原真相,回应关切,阻击谣传,促进和谐,提升公信力。"

这是《求证》开栏的话,实际上隐含了栏目定位的三个层次:

1. **选题定位**。《求证》是对各类妖言惑众的谣传、不实信息进行阻击与驳斥的专栏,这是选题策划的立足点。

2. **报道定位**。要求编辑记者带着放大镜寻找证据,深入调查,严谨核实。

3. **功能定位**。要求透过现象看问题,传递理性声音,提升公信力,力争做"社会舆论的稳定器"。

据统计,《求证》的选题主要包括以下四种类型:

1. **弥合社会裂痕,维护政府形象**。主要对刻意制造官民对立、激化矛盾的传言和虚假报道进行证伪、还原,疏导公众情绪。比如,《"甬温线动车事故29

人失踪"说法不准确》逐一核实联系了网上所传的失踪名单并证明纯属谣言,类似的选题还有《PM2.5监测点刻意选"绿"址吗》《"玉树90%灾民住帐篷"说法不实》等。

2. **应对突发事件,化解不安因素**。主要对突发事件导致的群体恐慌,解疑释惑,稳定情绪。比如,针对上海、北京、苏州等多地发短信、微博称"苏州牛肉不能吃"的恐慌,我们约请多地记者深入调查采写了《"苏州牛肉感染炭疽杆菌"是谣言》的报道。

3. **纠正长期传言,阻击常识错误**。对一些传播时间长、传播范围广而让人深信不疑的错误说法,用事实给予纠正。比如2012年推出的"求证·关注水产品质量"系列报道《黄鳝是激素催肥的吗》《小龙虾被妖魔化了》等。

4. **求证专家之言,澄清错误源头**。一些专家在本专业领域之外说的外行话、错误观点,因为是专家之言而被广泛认同,栏目对此也进行了求证。比如《哪些国家提供免费医疗》通过调查全球70多个国家,纠正了"专家称全世界只有20多个国家没有实行免费医疗"的错误说法。

在对大闸蟹是否喂了激素抗生素的求证中,记者发现,谣言主要来自耶鲁大学经济学教授陈志武的一段话。记者与陈志武联系,他回复说,这是他在2002年的一个讲座上说的,内容是听别人讲的,这个"别人"他不记得了。所以,谣言止于较真儿。

《求证》树立了什么特色——对现场、证据和原创不懈追求

正因为要跟谣传作斗争,所以《求证》栏目必须对现场、证据和原创不懈追求,在调查过程中努力秉持独立、公正、客观的立场。其中,核心就是证据。

对栏目来说,证据是策划的核心和调查的最终目的;对编辑记者来说,证据意识需要贯穿编辑策划、采访调查、统筹稿件全过程。这体现在:

(一)从编采顶层设计上看,要求编辑深度参与热点追踪和结构设计

众说纷纭中,记者在采访一线尽可能全面了解信息的碎片;热点事件中,编辑从大局着眼寻找疑点和调查方向——这是人民日报编采统筹体制特有的互

动格局，同时也对编辑提出了更高要求。

编辑不是单纯的"拼版匠"，为做好选题，需要做大量的案头工作：选题确定前多次讨论、策划案制定中不断完善、采写时采编双方反复沟通、上版后稿件细节再三推敲，形成了筛选有用信息、避免报道差错、保证新闻真实的有效做法。

首先，采取集思广益的方式，在对选题仔细甄别、进行常识性逻辑性判断之后，全体编辑参与讨论，有时更像是辩论，代表舆论场中的各方提出质疑。

其次，树立问题意识，将网络谣言事件中最核心、最尖锐的问题提炼出来设成焦点，围绕这些焦点再进行反复讨论，设想各种可能。在初步确定了选题之后，编辑进一步发掘新闻事件背后的疑点，跟踪最新舆情动态，分析事件所处的传播阶段、舆论倾向，明确求证方向，制定详细的采访提纲。并随时跟进，与记者保持紧密联络。

最后，在稿件编辑中体现对核心疑问和关键数据的提炼浓缩。《求证》栏目的报道基本形成了"疑问"＋"调查"、"疑问"＋"回应"的结构。该结构对谣言的回应干脆有力，同时也要求编辑打乱不同记者在调查报道时形成的原有故事情节与叙述结构，围绕核心问题重新组织素材。

可以说，在稿件从无到有再到刊登的整个过程中，既离不开记者的辛苦调查，也无不凝聚了编辑的艰苦付出，是编辑记者集体智慧的结晶。如果将每一次求证看作一场战斗，编辑更像一个总指挥，调度各种资源与人力配置参与对谣言的阻击。特别是在求证陷入僵局之时，能及时改变策略，通过变换作战记者、调配各种资源手段推进调查取证顺利进行。

（二）从证据呈现标准上看，要求多信源采访，确保证据链完整

1. 深入现场，获取核心证据

求证的重要目的是辟谣，这要求稿件一定要经得起反证，不留疑点，核心证据不可缺失。记者调查采访时，要搜集证明力较高的"原始证据"、第一手证据，避免使用"传来证据"或二手证据。对于事件类"求证"选题，记者必须到现场调查采访，接触核心当事人，掌握第一手信息，不能照抄材料或答复。对于科普类、话题类"求证"，要获得准确数据、权威解读，必要时亲自进

行实验。

以《郑东新区是不是"空城"》为例,针对美国媒体有关"郑州郑东新区是鬼城空城"的说法,《求证》栏目约请驻河南分社记者,从郑东新区的企业入驻情况和居民入住情况两方面着手调查:居民入住方面,了解郑东新区民用水、电、气的用量,宽带、有线电视的安装数量,超市、健身俱乐部会员卡的数量变化等;企业方面,了解入驻企业数量和纳税额等反映经济活跃程度的关键数据等。同时,记者在工作日和周末分别观察当地街道人流量、车流量、饭店就餐情况、多个小区晚上房屋亮灯情况,稿件既有大量翔实数据,又有记者观察和居民感受,充分证明"鬼城"之说并不属实。

在做节能灯汞蒸气是否能伤人的"求证"时,记者采取了科学实验的方法,委托两家独立专业机构进行现场实验,最后得出的结论让人信服。

2. 逻辑严密,证据链完整

栏目要求每篇稿件都具有确凿的证据和严密的逻辑。证据链缺失会削弱稿件的说服力、可信度,否则无论前期工作多么辛苦,都可能舍弃选题。

2011年12月,网曝江西某地假种子导致农民颗粒无收,栏目请记者调查,基本可以确定是由于极端天气和农民对种子保存不当造成减产,但因为农民和种子销售站都没有留存最初的种子样本,也就是说,无法完全排除种子的问题,证据链存在瑕疵。最终栏目放弃了这个选题。

3. 正反交锋,多信源互证

《求证》稿件统计结果显示:信源数量在7个及以上的单篇报道占总体的46%。多个信源包括正反信源的出现,虽然使采访、调查成本增高,但对提升调查可信度、增强文章说服力起到了积极作用。

4. 甄别信息,不人云亦云

不同的利益诉求、不同的信息获取方式和渠道,决定了每一方的观点和数据都可能存在片面和误差。即使是政府部门、权威专家的说法,也要进行细致的验证、鉴别。

2012年春天,绿色和平组织发布报告称中国品牌茶叶农药残留超标,引发人们恐慌。在当时一些媒体的报道及各方的表态中,均是"自说自话",称"全部合格"或"只有5项合格",没有任何一方拿数字说话、用事实证明。一些媒

体在报道时,还认为中国茶叶标准与国外相比过于宽松,使得公众对我国茶叶标准产生了怀疑。真相到底是什么?《求证》栏目逐一拿到了政府部门、行业协会、科研机构、院士专家、绿色和平组织等方面提供的数据和说法,在进行比对时,发现有些内容互相矛盾。为此,栏目对报告提到的29项农药残留数据,结合中国官方公布的十多个文件逐一核实,同时,从世界粮农组织和欧盟网站下载了欧盟涉及茶叶农残的上千个标准,还请日本分社记者拿到日本茶叶农残标准,再次进行比对。通过对这些数据的细致查找及反复核实,发现采访到的每一方的说法都有疏漏和错误,实际上,我国的茶叶标准与日本接近,比欧盟稍宽,绿色和平组织报告中提到的农药残留绝大多数并没有超过中国、日本、欧盟的标准,《求证》如实列表说明了客观情况,同时提出,我国还需加强对农药使用的监管,在制定农残标准方面也应加快进度。这组"求证"体现了独家、权威、客观,被很多报纸和电视台转载引用。

概括起来,"求证"的过程就是一个在众声喧哗中,冷静寻找证据,通过调查核实,呈现真相的过程。其中,证据的作用尤为凸显,为此,《求证》总结了五条证据军规:

军规一:不预设立场,用事实说话。
军规二:要实地调查,拿核心证据。
军规三:不轻信信源,需多方互证。
军规四:不迷信权威,不人云亦云。
军规五:证据链完整,求逻辑严密。

《求证》的困境与突破口——解读社会情绪,倡导理性社会

很多时候,《求证》栏目不仅在与谣言作斗争,更是与谣言背后的情绪作斗争。

网络谣言的产生和传播往往具有非理性、情绪化的特点。社会转型期,一些人内心存在不安全感和焦虑感,与网络谣言交织在一起,便呈现复杂的状态。即使真相被揭示出来,很多人依然在情感上选择不接受或不相信,美国学者卡

斯·R·桑斯坦在《谣言》一书中说:"那些已经接受了虚假谣言的人不会轻易放弃相信谣言,特别是当人们对这种信仰有着强烈的情感依赖时,谣言就更加不容易被放弃。在这种情况下,要驱逐人们头脑中的固有想法,简直困难至极。即便把事实真相呈现在人们面前,他们也很难相信。"

辟谣其实是在改变人们的立场,故而异常艰难。这要求我们在澄清事实、还原真相的同时,还需分析谣言背后的情绪,做好解读、疏导工作。尤其是在如何进一步提升引导力方面,仍需继续不停探索。

近一两年来,越来越多的媒体开始加入调查求证的队伍中来,比如北京电视台的"生活大调查"、湖南卫视的"新闻大求真"等。这说明,在"阻击社会谣传、还原事实真相"的道路上,《求证》并不孤独;我们也有理由期待,"传递理性声音、弥合社会裂痕"的价值观,将越来越成为媒体共识。

(文章刊载于《新闻实践》2013年第3期)

网络大谣是如何利用媒体炒作的

一段时间以来,全国公安机关开展集中打击网络有组织制造传播谣言等违法犯罪专项行动,秦志晖("秦火火")、周禄宝、傅学胜等一批网络大谣"落马"。随着案情的披露,网络大谣恶意炒作、造谣传谣、中伤他人的伎俩也逐渐浮出水面。值得深思的是,每起造谣传谣典型事件背后,都有个别媒体为网络大谣所借用、利用甚至操控的身影。

网络大谣有哪些利用媒体的手段?个别媒体为何沦为网络大谣的"传声筒""扩音器"?媒体如何"擦亮眼睛"不被网络大谣所蒙蔽?在与网络谣言斗争中媒体人有什么责任?

从新闻视角看网络大谣如何利用媒体炒作

网络大谣产生影响,离不开媒体,离不开炒作。具体来看,网络大谣利用媒体炒作手段包括四个方面:

1. 信息发布平台多重嵌入网络,通过多种方式打造影响力。

周禄宝是多家论坛版主,通过曝光炒作系列网络事件使微博粉丝数量最高达到110多万;秦志晖共注册了12个不同前缀的"秦火火",发布谣言之前还预告新账号;傅学胜联系网络水军,仅花5000元就能形成巨大的"舆论攻势";武汉唐某开办的"漫山公司"搭建了"水军十万""神枪手"网络平台,网上接单派活,还掌控大V微博账号312个,全部粉丝量达2.2亿……从这些手法可以看出,网络大谣在网络搭建了多种信息发布平台,包括微博、博客、网站、

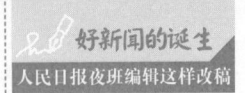

或建立专业水军等,通过炒作事件积累影响力。

事实上,网络大V获取影响力的途径是多种多样的,有的主要通过发布海量信息,有的主要依赖"独家资源",有的依靠权威媒体,也有以专业特长成名的。但他们与这些网络大谣的主要区别在于,手段是否合规,内容是否突破法律、道德底线。

不合规、不符合法律道德底线的信息为何偏偏能在网络形成声势?一个重要原因是,自媒体时代,网络打破传统媒体"我说你听"的传播模式,成为"去中心化"的新型互动媒介,身处其中的每个网友都是信息发布者,每台电脑都是"麦克风",汹涌而来的信息使把关成为难题。而缺少海量信息、独家资源、权威媒体和专业特长的网友或组织,要在海量信息中独树一帜、引人关注,只有剑走偏锋、铤而走险,追求信息本身的新奇性、独特性;更有别有用心者还从中寻到"商机",刻意制造信息差异化(造谣炒作),或通过组建水军等非法手段(传谣炒作),来寻求粉丝增长、影响扩张。

值得深思的是,一些网络大谣开办的博客等,至今仍在网上生存,他们发布的失实博文,也仍在网上传播。

2. 模仿正规新闻报道写法,炮制"仿真谣言"迷惑受众。

仔细分析"秦火火"发布的微博信息内容,其中不乏是模仿甚至是符合新闻写作要求的,比如其造谣的"铁道部3000万欧元赔偿外籍遇难乘客":

@中国秦火火:刚得到消息,铁道部已向动车事故中意大利遇难者茜茜协议赔偿3000万欧元(折合人民币两亿多元),据悉,这是铁道部参照欧洲法律中有关人身意外伤害条款后,不得不同意此赔偿协议。若此赔偿协议属实,将开创中国对外个人意外最高赔偿纪录。

"刚得到消息""据悉",这是模仿新闻消息写作中关于信源的惯常用语,虽然并未点明具体信源,但这种说法已能欺骗不少普通网友;"3000万欧元(折合人民币两亿多元)""参照欧洲法律中有关人身意外伤害条款",这是为增加内容的权威性、"专业范",让信息更具可信度;末句"若此赔偿协议属实……",这是提供延伸的内容解读,让假消息更像"真消息"。

类似这种"说得跟真的似的"的谣言还有不少。这类谣言与正规新闻报道写法贴近,将捏造的事实尽量写得具体,常点出时间、地点、人物、机构等细节,颇具迷惑性。

3. 利用回应、辟谣前的"信息真空"和"时间差"。

不得不承认的是,当前一些政府、部门面对网络传言时,表现出的不是第一时间回应,而是无可奉告、拒绝表态,或者事不关己、高高挂起。这种面对信息不公开、不透明、不回应的"鸵鸟心态",给了谣言传播空间。网络大谣也正是利用此点,大肆炒作舆论、形成声势。

2011年9月8日,"秦火火"发布微博称红十字会通过各地民政局发通知,要求各地单位企业职工按工作年限进行捐款。这一说法在网上形成影响后,有媒体记者采访中国红十字会总会秘书长王汝鹏,他回复记者说:"谣言,不用理它。"随后又发来短信:"我们和民政又不是同一个系统,怎么可能他们发文呢?"

据媒体报道,就是这追出来的简短回应,也是9月15日该报记者联系王汝鹏后才获得的,这时距离"秦火火"在多家平台上发布谣言已经整整一周时间。在这一周时间里,关注"秦火火"微博内容的网络大V和网友已经转发无数,形成巨大影响。

4. 熟悉媒体需求和传播规律,以炒作带动传统媒体跟进,形成影响。

作为海量信息的"集散地",网络已成为不少传统媒体的线索库、信息源。在这个芜杂的信息市场,既有新鲜的信息,也有腐烂的信息,既有货真价实的新闻,也有金玉其外、败絮其中的谣传。对网络大谣而言,如果能将一则谣言包装成新闻,并登上传统媒体(无论证实或者证伪)的版面或屏幕,其影响自然呈几何级增长,也自然实现其最初炒作的目的。

细析一则谣言从网络到媒体的传播过程,通常要经过"多级跳"的过程:微博、论坛、博客→推送首页(网站、频道、客户端首页或重要位置)→网络媒体广泛关注→传统媒体跟进(辟谣)。这一传播过程让谣言突破网络,牵动传统媒体参与报道,反过来又对网络进行又一轮推动,多轮互动形成新闻事件。无论新闻事件的结果是证实还是证伪,最终赢家都是"炒家"网络大谣。

以"非洲牛郎门"事件为例。2012年,傅学胜因参与竞标失利,心怀不满,

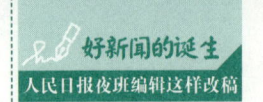

花数天时间炮制了《俄罗斯艳女门续集：中石化再曝非洲牛郎门》的造谣诽谤帖文，捏造了某外资企业利用非洲"牛郎"色诱招标公司中石化一位女处长的信息并发布在网络。一时间，"非洲牛郎门"迅速成为网络热帖。

值得注意的是，尽管中石化随后进行了调查，传统媒体也相继跟进作了报道，但这些行动在客观上起到的是对谣言二次传播的效果。比如，事发后的前三天，相关媒体的专题或报道的标题多为：《网曝中石化女处长"暗箱操作"事件》《中石化女处长深陷"非洲牛郎门"》《中石化称正核实"非洲牛郎门"》，等等。当时因事件正在进行中，调查也尚需时日，媒体只能跟进动态消息，如此制作标题并无大碍，但现在回看，其在事实上仍起到了炒作"非洲牛郎门"的"二传手"作用。

网络大谣就是这样利用媒体对信息的需求和报道的规律，来炒作形成影响的。

身处新媒体时代看政府媒体个人如何强化信息把关责任

网络大谣为何能兴风作浪？除了其了解媒体特点、传播规律的原因外，新媒体时代的"把关人"角色变化也是重要原因。

一个颇为流行的观点认为，网络使把关人的角色弱化，使把关的可行性降低，使把关权被网友分化，出现了把关人泛化等新情况。笔者认为，狭义的传媒组织的把关人角色的确正在弱化，但包括政府部门、普通网友在内的广义把关人角色却需强化。"强""弱"如何把握？笔者认为主要包括以下三个方面：

1. 传统媒体需强化舆论引导能力和情绪解读工作，从"控制者"向"引导者"角色转变。

在传统线性媒介时代，传者和受众是"社会与个人"的固定关系。作为传者，"把关人"掌握绝对的信息处理权，可以说是信息的"控制者"，普通受众很少参与信息的传播及处理过程。但在新媒体时代，传者与受众逐渐平等，媒介资源不再是稀缺资源，媒介组织的把关人地位不断下降。在这种情况下，传统媒体必须进行角色转变，从"控制者"向"引导者"转变。

根据中国社会科学院对12座城市互联网使用状况及影响的调查报告看，就信任度而言，网友最信任的是国内电视新闻，其次是国内广播和报纸新闻，信任度最低的是网络新闻。在受众心中，传统媒体在公信力和可信度方面具有一定优势，所以，在网络热点事件尤其是网络谣言出现时，传统媒体的舆论引导作用就显得尤为突出。具体说来就是要做到"不失语""不乱语"——对热点事件、敏感问题敢于发声，做到"不失语"，同时又要稳妥处理社会情绪，讲究调查的客观、公正、准确和用语的谨慎，做到"不乱语"。

以人民日报《求证》栏目为例，该栏目2011年1月创办，立足点就是"阻击社会谣传、还原事实真相"，倡导"传递理性声音、弥合社会裂痕"的新闻理念。面对网络谣传时，《求证》栏目强调对证据、现场和原创的不懈追求，其中策划核心是获得证据，调查目的是探寻真相，社会效果是解读情绪。

比如，2013年4月，香港某报纸图文报道称，汶川地震后香港援建的芦山中学是豆腐渣工程，不少网友据此认为公共项目的震后重建房质量并不过关。《求证》栏目在港媒报道见报上网的当天即迅速行动，约请记者采访香港特区政府、国家地震局、国家住建部和四川省住建厅等专家，并实地走访查看，于次日就推出《重建房遇震开裂怎么看？》的稿件，报道获得广泛转载，用语有理有度，有效化解了公众对地震重建房质量的质疑。

做"引导者"，意味着必须放低身位、降低姿态，找准网络时代的定位。主流媒体如何主流，正如此话所言："主流媒体若想位居主流，就得做互联网纷乱信息的过滤器，做网络偏激情绪的缓释剂，做国民心态的压舱石。"

2. 政府部门需明确信息把关原则和发布标准，从"守卫者"向"开放者"角色转变。

面对纷繁复杂的网络信息，面对层出不穷的热点事件，我们身边的政府部门却往往出现信息失守、信息失真、信息失语的尴尬局面。

仍以《求证》栏目为例。在与谣言作斗争的过程中，《求证》栏目组发现，政府如果及时回应舆论关切，澄清事实、解疑释惑，则能迅速有效地平息谣言，反之，则使报道中缺乏主管方或当事方的权威声音，舆论引导效果大打折扣。

2013年初，针对"菊花茶有毒"的传言，《求证》栏目组织记者在安徽、浙江等菊花产地采访后发现，菊花标准各地不统一，很多检测项目缺乏标准。记者请国家质检总局、国家标准委提供历年检测数据，并对标准混乱问题进行解释。国家质检总局表示，标准问题归标准委制定，菊花属农产品归农业部监管，无法回应。记者费尽周折，自费委托检测机构检测菊花样本后发现，无论是媒体送检还是消费者送检，检测机构仅给出检测数据，却不愿给出产品是否合格的检测报告。

事实上，《求证》栏目组在实践中体会，尽管政府公信力受到了多种因素侵蚀，但在热点事件、敏感问题上，公众依然期待政府发布最权威、最可靠的信息，依然对政府充满期待。因此，政府部门对公众关切和热点问题回应的及时性、有效性，直接影响舆论走向，最终决定政府"得分"或者"失分"。

新媒体时代，政府部门面对谣言、不实信息时如仍以"守卫者"姿态、"鸵鸟"心态回应，只会越守越乱，越拖越乱，陷入"塔西佗陷阱"①而无法自拔。相反，政府部门应认识到信息发布的"先发制人""先声夺人"规律，不论是谣言还是真相，第一轮公布的信息更易获得信任，通过精确、具体地呈现信息，做信息发布的"开放者"。

公开透明、及时回应应成为政府部门信息发布的最重要准则。政府还要尽量做到信息的多渠道、多阶段、多方联动公开。多渠道即要结合传统媒体、网络媒体以及微信、手机等；多阶段强调信息公开的连续性，对谣言以及衍生信息及时辟谣；多方联动强调部门联动，以媒体发布、现场宣传、新闻发布会、告市民书等，减少公众不安全感和对未知的次生灾害的恐慌。

3. 普通网友需提高媒介素养和信息辨别能力，从"围观者"向"批判者"角色转变。

新媒体时代，普通公众随时随地发布信息成为可能，微博、微信、自媒体等提供了广阔舞台。技术、资金不再是问题，"全民传播"时代到来，其结果是把关人的大众化。然而，普通网友如何面对手中的信息把关权和发布权，做到对信息的正确认知和理性传播？这需要普通网友提高媒介素养和信息辨别能力，从"围观者"向"批判者"角色转换。

提高媒介素养，即增强对信息的选择能力、理解能力、质疑能力、评估能

---

① "塔西佗陷阱"得名于古罗马时代的历史学家塔西佗。通俗地讲就是指当政府部门失去公信力时，无论说真话还是假话，做好事还是坏事，都会被认为是说假话、做坏事。这一定律也在社会群体突发事件中有充分的表现，如诚信体系故障、社会秩序混乱等。

力、创造和生产能力以及思辨的反映能力，提高信息辨别能力[1]，即在转发或发布信息时坚持"批判性思维"和"慢半拍原则"，将信将疑的时候看下跟帖中是否有辟谣，辨析下是否有具体的消息源，通过搜索引擎查询相关报道等。对于具有巨大话语权的网络大V来说，更应该用好自己的"拇指话语权"，不要轻率地发表或转发未经证实的信息。

（文章刊载于《新闻实践》2013年第10期）

---

[1] 《媒介素养概论》，张开，中国传媒大学出版社。

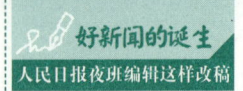

西方媒体是怎么操作中国选题的

人民日报《求证》栏目以"阻击社会谣传、还原事实真相"为己任，专门针对网络不实传言、媒体疑点新闻而进行调查、求证。《求证》栏目的编辑要时刻关注舆论场上的谣传和疑点，随时着手开展调查。在工作中我发现，西方媒体对中国的不实报道，占了线索总量的相当比重。

西方媒体是怎么操作中国选题的？从《求证》栏目相关报道和日常关注到的新闻线索出发，西方媒体推出不实报道、操作中国选题有这样三大表现——

第一，借机策划，生发议题

这个"借机"，就是借力某一个新闻，生发不相关的更加重大的话题，来以此抹黑中国。本质上这是主动出击进行议程设置，也是西方媒体经常操作的方式。

阿斯顿·马丁是英国豪华汽车品牌。2014年，阿斯顿·马丁发布公告，一口气召回1.8万辆跑车。公告中说，召回原因是负责油门踏板臂生产的深圳科翔公司使用了假冒塑材。阿斯顿·马丁还宣布，今后不再使用来自中国的零配件。

公告出来没几天，英国媒体路透社突然推出调查，组织了驻北京、深圳、香港以及伦敦、法兰克福、东京、巴黎的近10个记者，作了一期综合报道，以专题网页的形式，汇集了各种体现中国制造质量低下的观点。简单看一下各位记者的采访，就会发现很多并无根据，只是记者道听途说。那么，本来就是一

个零配件的小问题,现在怎么摇身一变,成了"中国制造"的大问题。而且,媒体从业人员都清楚,要调动 7 个地方的近 10 个记者,这不是一个小行动。

路透社的这期专题转载十分广泛,带动国内媒体也开始大面积转载路透社观点。舆论场上的异样,引起了我们的注意。

调查起来。利用人民日报在全球驻站的优势,我们通过北京、深圳、东莞、香港、英国伦敦等地记者的联动,动用人民日报、人民网等各地采编力量共计 12 人进行调查。在采访难度大、时间紧的情况下,记者吕绍刚、白阳、闫军等人共计驱车 800 余公里,确保一定要到涉事地踏访、查看。

根据人民日报的调查:

1. 记者多方调查显示阿斯顿·马丁在自身供应链存在巨大管理漏洞。但对方在此情况下,仍回应"阿斯顿·马丁对于供应链的管理非常严格,并且始终都与行业内最优秀的伙伴们合作"。因此产生了生硬狡辩的戏剧性效果,这一戏剧性效果最终在报道《神秘的阿斯顿·马丁供应链》得到体现。

2. 阿斯顿·马丁的一级供应商 Precision Varionic International Limited(PVI)在接受采访时表现得很慌张,不肯接受采访,表示阿斯顿·马丁当晚会发布声明,可是,记者苦苦等待,并未如期等到声明的发布。

3.整个事件的关键——阿斯顿·马丁的二级供应商Fast Forward Tooling（HK）Limited（FFT）在香港注册，却没有找到其办事机构，其在英国的办事处仅是一家小厂房里租用的一间小办公室，里面只有一个工作人员且长年不在，FFT在深圳的办事处早已搬离原址，在当地管理部门也查不到该办事处的任何注册信息。

4.阿斯顿·马丁所谓的三级供应商深圳科翔一口否认与阿斯顿·马丁的合同关系，并否定阿斯顿·马丁之前所称的"始终密切联系、积极配合"；在阿斯顿·马丁之后给出的书面说明中，改口称与三级供应商没有直接的合同关系。

5.记者按照阿斯顿·马丁提供的原材料供应商东莞合成的地址，前往该址调查，与当地主管部门联合调查后发现，并不存在这样一家企业。一家没有工商注册的疑似非法黑作坊，如何成为阿斯顿·马丁这样一家国际知名企业的原材料供应商呢？

6.根据阿斯顿·马丁的年生产能力、召回车辆总数及其所称的与深圳科翔的合作时间来看，即使其与深圳科翔合作一事属实，1.8万辆召回车辆中绝大多数与深圳科翔毫无关系。而根据记者获取的阿斯顿·马丁之前递交给美国有关调查部门的报告来看，阿斯顿·马丁在报告中模糊处理这一问题，给人以所有召回车辆均是中国制造惹祸的感觉，而在国际舆论为此广泛批评"中国制造"的时候，阿斯顿·马丁也未澄清真相，成功转移矛盾焦点，嫁祸于"中国制造"。

这组报道刊发后，引起了世界各大媒体的关注。报道在国内外产生巨大影响。在海外影响上，据统计，欧美十几家主流媒体纷纷转载或报道，连路透社都就此专门编发报道，华尔街日报网站、英国《E&T》（*Engineering & Technology*）工业杂志、欧洲汽车新闻网、美国阿拉伯时报、美国汽车新闻网站WARDSAUTO.COM、海湾地区经济信息网站Gulfbase.com、台湾旺报等媒体进行了转载或跟踪报道。此外，人民网英文频道、中国日报网站、新华社对外部还进行了编译报道。

值得一提的是，有的外媒还通过自己的调查印证了人民日报的调查结果。比如，华尔街日报网站在其报道中指出："人民日报批评阿斯顿·马丁'不专

业',本报曾与科翔负责人联系,其也否认了阿斯顿·马丁是其客户。同时,阿斯顿·马丁所指的东莞材料供应商的确无从联系……"

像这类舆论对峙,属于谁有证据谁占优势。借机策划的一方,往往属于劣势。因为对方没有扎实调查,只想借机"搞事情",由头本身立不住脚,就像沙滩上的"楼房"一样。当我们把他们的地基刨开了,这栋"楼房"也就倒塌了。

这组报道后来获得第二十五届中国新闻奖"国际传播"二等奖。

第二,真假混杂,夸大其词

上述"借机策划",其目的就是为了"生发议题",以小新闻碰瓷大主题,为西方刻板印象添砖加瓦。

然而,另一类表现则更为裸露直白,有的媒体赤膊上阵,在捕风捉影、真假混杂的基础上夸大其词、制造谣言。这里,有我曾亲身经历的一次舆论战案例。

2012年,中日围绕钓鱼岛问题剑拔弩张。就在这种紧张的局势下,日本富士新闻网在10月30日突然发表文章说,在中国公务员考试报名中,中国海监船船员报名者为零。

日本富士新闻网文章这样说道:"大部分中国人都选择那些轻松而又挣钱的工作。""围绕钓鱼岛问题,中国出现了大规模的反日游行,很多人都打着爱国主义的旗号,但是为什么中国海监船船员职位却这么没有人气?"

日本媒体称,中国人因担心安全而无人报考此职位,"像这种有危险性的工作,在目前中国独生子女居多的现状下,很多家长有很大的抵触感"。

日本其他网文也称:"中国招收东海海监队员,但因为害怕被派往钓鱼岛,竟然无人应聘","中国人的爱国都是长在嘴巴上的"。

一石激起千层浪,这条消息和相关评论被互联网广泛转载,产生了极为恶劣的影响。

如果不去求证,看了日本媒体的文章,中国人恐怕会信以为真,甚至感到无地自容。

当天下午,我们就深入分析了当年公务员考试的有关情况——

国家海洋局东海分局当时共公开招聘32人,其中的确有5个无审核通过人数。就是这5个无人报考的职位,被日本媒体夸大为"中国海监船员报名者为零"。

日本媒体散布谣言可耻!我们立即开展联络采访。然而,负责联络采访国家公务员局、国家海洋局、交通部等机构的记者,陆续反馈来的信息并不乐观:有的部门认为不值一驳,不愿发表看法;有的以中日关系敏感为由,不接受采访;有的表示要研究一下采访提纲,当天肯定来不及回复……

舆论斗争贵在快速和及时,日媒恶意抹黑和错误观点多传播一天,恶劣影响就会增加一分。明确这个共识后,时任总编室副主任叶蓁蓁和要闻四版主编韩晓丽亲自指挥,让编辑李浩燃和吕毅品重新梳理采访方向,从外围入手分析。于是,两人在夜班中紧急采访了公务员考试咨询人士、港口引航中心专业人士及报考公务员职位的几位在校大学生,即采即编,把采访素材不断汇总给主编。边写边编,边编边印,最后,报道终于在当晚12点前出炉。

据我们调查,中国海监东海总队计划招收32人,报考就有980人,资格审查通过的有804人。这些岗位中,最热门的是中国海监东海维权执法支队执法队科员岗位,招收1名日语专业执法队员,仅通过资格审查的报考者就有557人。值得一提的是,这是个"上前线"的工作,需要"不晕船、长期从事海上执法工作、日语二级",仍然有557人报考。

那么,5个没人报考的职位是什么原因呢?原来,这几个职位是船长、大副、轮机长等管理职位,要求报考者拥有甲类船舶适任证书等,年龄还要在35岁以下。

据分析,实际情况是拥有证书的人年龄较大,而年龄合适的人又没有证书。多位大学生现身讲述,让原因真实可信。温州科技职业学院农业与生物技术系大三学生郑志恩接受记者采访时说,他之前报名2013年国家公务员考试,主要从学历要求、招考人数和个人兴趣等几个方面进行职位选择。他重点关注了海监执法船船员岗位,但遗憾的是,虽然大专学历允许报考,但都要求船舶类相关专业,而自己的专业是绿色食品生产与检测,并不符合条件。最终,郑志恩选报了新疆的地质监测职位。

此外，专家还从另一个角度分析，如果这些岗位只要求本科学历，每个职位报考的人数肯定超过300∶1。

文章以具体数据和事实说明日本媒体的有关说法毫无根据。为增强报道的可信度与可读性，编辑还整理制作图表一并刊登出来，将海监"执法船船员"职位的具体要求及报考情况一一列出，这样谣言不攻自破。

这篇见报的调查报道标题立场鲜明，用词大快人心：

（肩题）日本富士新闻网信口雌黄：中国海监船员无人报考
（主题）海监五职位"零合格"缘于门槛高
（副题）稍低等级的9个船员职位有113人报考

报道见报第二天，不出所料，引发了国内大量媒体转载。媒体多以"人民日报调查海监'零报考'批日媒信口雌黄"为题转引，起到了很好的批驳、传播效果。

报道刊发后引发各方关注，舆论反响十分强烈。见报当天的11月2日，中国海监部门针对有关海监职位的报考情况作出解读，证明"零报考"纯属误读；网友也纷纷留言发表观点，不少人认为因担心安全而无人报考是不可能的，大家不应听信谣言长他人志气。根据报道反响，我们又趁热打铁，迅速推出"求证·后续"《海监"零报考"纯属误读 "80后"已成海监新生力量》，进一步增强了报道的影响力和传播力。

第三，主题先行，指鹿为马

指鹿为马是家喻户晓的成语，指着鹿说是马，比喻有意颠倒黑白，混淆是非。

指鹿为马，实际上是利用权力（强势地位）故意造成信息差。这跟西方媒体的伎俩很相似，他们也善于利用自己在世界舆论界的强势地位，在许多中国话题上故意制造信息差，搞出了一些指鹿为马的新闻报道。

西藏3·14事件之后，西方媒体大肆跟踪报道，但很多内容都是经过故意

修改、编辑而后抹黑的。

比较典型的一个案例，就是BBC曾在网站上刊登过一篇题为"藏人描述持续骚乱"的报道，所用配图如右图（来源：央视网）。

BBC给出的图片说明，翻译成中文是："在拉萨有很多军队"。但他们可能不懂中国字，因为救护车上大大地写着"急救"二字。

实际上，根据中央电视台等媒体的调查，这是西藏当地公安武警协助医护人员将骚乱受伤人员送进救护车的场景。

这就是典型的指鹿为马。

2020年底，在香港"修例风波"中，又发生了指鹿为马的新闻报道，这次罪魁祸首是华尔街日报。

2020年12月11日，协助香港监警会审视"修例风波"中警民关系的国际专家组发表声明表示退出。华尔街日报立马跟进报道称，他们是"请辞"。然而，时任香港监警会主席梁定邦随后澄清，国际专家组不是辞职，而是已完成收集事实的首阶段工作后退出。

像这样的操作，几乎已成为西方媒体针对中国选题的一贯手法。他们在获取信息的基础上进行"再编辑"或"解读"，将舆论引导至预设的方向。即使随后中国媒体进行了澄清、辟谣，但西方媒体通过在英语世界的强大传播力，已形成了舆论优势，哪怕中国媒体辟谣的声音有所增高，仍然改变不了人们的思维定式。当西方媒体多次重复这类手法，就可以在一个较长时间范围内说服和塑造西方受众。

"谎言重复一千遍就成了真理"，不要觉得这是天方夜谭，因为通过西方新闻传媒的长期不断重复，历史就在公众的眼皮底下被篡改。

据澎湃新闻等媒体报道，2016年，俄罗斯卫星通讯社提供的一项民意调查结果表明，西方国家对苏联在二战中作用的看法在过去几十年间发生了巨大变化。

法国著名的民调机构IFop、英国民调公司Populus与俄罗斯卫星通讯社和广播电台联合开展的一项以认知二战为主题的民调结果显示，在回答"二战期间，谁在战胜纳粹方面起到关键作用"的问题时，只有 15% 的受访者从 5 个建议答案（英国、苏联、美国、其他、不知道）中选择了苏联。79% 的美国人、58% 的法国人和 50% 的德国人认为，美国军队在战胜法西斯方面起到主导作用。

然而，1945 年欧洲战场战斗结束后，法国民调机构 IFop 开展的一项相同主题的调查显示，57% 的法国受访者认为苏联为二战做出了最大贡献，仅有 20% 的人认为美国贡献最大、12% 的人认为是英国。

与欧美民众口碑相应的，是欧洲官方机构的态度。2019 年 9 月 19 日，欧洲议会批准《为欧洲未来保留历史记忆的重要性》宣言，其中甚至直接指责苏联与纳粹德国挑起第二次世界大战。

历史的口碑，70 年间在人们心中竟然发生了"逆转"！

本来这个问题是不应该有任何疑问的。俄罗斯总统普京曾为美国《国家利益》杂志撰文《伟大胜利 75 年：对历史和未来的共同责任》（来源：俄罗斯卫星通讯社官网），其中专门为苏联在二战中的重要作用"正名"，他这样写道：

我列举一份文件，是德国国际赔偿委员会于 1945 年起草的报告。委员会的任务包括，制定战败德国为战胜国损失赔偿公式。报告写道："德国在苏联前线的士兵/日数量，要比其他同盟国前线的数量最少多 10 倍。苏联前线牵制着德国 4/5 的坦克和大约 2/3 的飞机。"总的来说，苏联承担了反希特勒联盟 75% 的军事努力。战争期间，红军粉碎了轴心国的 626 个师，其中 508 个是德军的。

1942 年 4 月 28 日，罗斯福对美国人民发表演说时宣布："俄罗斯军队已经消灭并继续消灭我们共同敌人的有生力量、飞机、坦克和火炮，比其他所有国家的总和还要多。"1944 年 9 月 27 日，丘吉尔在给斯大林的信件中写道："正是俄罗斯军队，消灭了德国军事机器……"

美国著名历史学家威廉·夏伊勒在他的畅销书《第三帝国的兴亡》里甚至根本没有为诺曼底登陆花费更多的笔墨，而只是一笔带过。夏伊勒写道："斯大林格勒战役与阿拉曼战役、英美在北非登陆合在一起，标志着第二次世界大战到了伟大的转折点。"

历史是怎么被篡改的呢?

曾常驻巴黎二十年的复旦大学中国研究院研究员郑若麟先生认为,一个决定性原因,就是选择性的新闻报道对法国人进行深入、持续的"洗脑"。

郑若麟先生说,调查证明,法国人对上述问题的改变开始于20世纪90年代。当时法国媒体开始大规模地报道对美国诺曼底登陆的纪念活动。过去法国政府几乎每年都要举行各种仪式来加强诺曼底在法国人心目中的地位和作用。而媒体则是从90年代开始对这类纪念活动进行铺天盖地的报道。2004年诺曼底登陆纪念达到当时的历史巅峰:法国总统希拉克请来了几乎所有西方主要大国的国家元首,甚至包括德国总理施罗德,以历史性的大和解来强化诺曼底战役在二战中的地位。

"我当时正在法国,目睹了法国和西方主流媒体是如何在长达十几天的时间里,反反复复、连篇累牍地报道诺曼底登陆的。而与此同时对斯大林格勒战役、莫斯科保卫战等真正在历史上起到转折点作用的报道却几乎是零。在这种报道方式下,普通民众的历史观不被改变才怪呢。"郑若麟先生说。

结语:夺回国际舆论战的主导权

国际媒体上关于中国的谣言(简称"国际涉华谣言"),是谣言中一个特别的门类,值得研究和分析。

考察国内发端的谣言,很多是由于缺乏科学素养和知识所致。而所谓"国际涉华谣言",有的是源于误解,但很多是属于有意为之、无事生非。

中国的崛起吸引了世界目光。我们创造了"木秀于林"的成就,也迎来了"树大招风"的时刻。上至政治军事,下至社会民生,中国的一举一动,都能成为外媒"烹调"的材料。对此,我们有清醒的认识。抱着与人为善的初衷,面对误解我们做好自己的事;秉持以和为贵的哲学,面对误会我们选择"不惹事"。

中国人不惹事,但从来不怕事。很多事件、证据都充分证明,一些污蔑之词、抹黑之论、栽赃之语,背后是有组织、有目的、有计划的,对其忽视,则谎言千遍成真理;对其退让,则换来得寸进尺。今天中国的体量,已不是"低调"

就能隐藏得了,就像一头大象不可能隐身于小树之后。

世界瞩目中国,中国态度、中国声音非同小可。现在,我们要改变以往"低调处理"的方式,调整以往"不屑回应"的态度,勇于主动出击,敢于积极发声,善于正面宣示,夺回国际舆论战的主导权。

经历中美贸易战、新冠肺炎疫情溯源舆论战等一系列国际舆论战的洗礼,如今我们看到了积极的变化:针对"国际涉华谣言",外交部霸气回应、驻外使馆严正交涉、中央媒体及时发声、中国网民同仇敌忾,中国正从行动、外交和多个舆论场同时出击,澄清事实、还原真相。

中美贸易战,既是经济领域的摩擦,更是舆论领域的斗争,给全体围观的中国网民上了一堂生动的教学课。大国对抗的舞台下,端坐着亿万中国观众,他们看到了美国的霸道和反复,也看到了中国的从容和稳重;看到了西方媒体"拉偏架""玩套路"的伎俩,也感受到他们"戴着有色眼镜""屁股歪到一边"的拙劣。大风大浪不仅锻炼出中国经济这艘航船抵御风险的能力,更锻炼出中国网民"任凭风浪起,稳坐钓鱼台""任你千变万化,我自岿然不动"的底气和信心。大国网民,就要有大国网民的样子。

可以相信,随着中国社会经济的进一步发展,以后面对"国际涉华谣言",中国网民将更加从容、淡定,中国舆论反谣斗争将更加主动、积极,手段将更加丰富、有效。

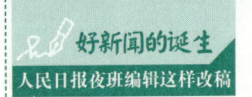

汹汹舆情，如何更好回应

一、回应谣言，政府四种不妥心态

从一个魔幻现实故事说起。

2009年7月17日下午1点多，在河南杞县县城开烟酒门市部的张燕军，突然听见外面人声鼎沸，喇叭齐鸣。出来一看，拉满人的拖拉机、小三轮、摩托车挤成一团，争相往城外涌去。虽然不明所以，但他也发动汽车，拉上老婆和孩子，跟着外出的队伍离开县城。

"杞人忧天"这个古老的故事，据说几千年前诞生于杞县。几千年后的今天，这里又发生了"杞人忧钴"的现代闹剧。

造成这次群众集体"外逃"事件的源头在杞县利民辐照厂。

杞县县城不大，利民辐照厂离县委、县政府也就3公里路。这个1997年投入生产的厂子，生意一直不错，许多外地的蔬菜公司都将菜拉来接受钴60辐照，照射之后，病菌、害虫都被杀死，还能起到保鲜作用。

钴60放射源平时就放在6米多深的水井里，辐照室外面配有6层防护装置。工作时，将蔬菜等推进去，关闭6道防护，自动装置将放射源从水井提出进行辐照，辐照完毕再自动将放射源放进水井。

6月7日夜里2点，完成辐照辣椒粉作业后，工作人员准备把放射源放到水井里时，旁边货物突然倒塌，把放射源卡在了井口。

应该说，官方反应还比较迅速。7日9点多，环保部、河南省环保厅接到汇报，迅速派人赶到厂里，确认放射源处于安全状态，没有对环境造成污染，马

上启动了应急预案。

问题出在对外信息发布上。此后的几天里,企业开始按部就班找专家编制处置方案。附近群众看到不断有领导和专家赶到厂里,对这个厂子到底发生了什么产生了好奇,传言一时四起。然而,当地并未公开回应此事。

7月16日,环保部工作人员带领专家来到辐照厂,还带来了两台机器人,想利用机器人进一步摸清室内详细情况。

当专家们在酒店大厅里进行探查预演时,机器人陌生的面孔和"咔咔"的动作引来了越来越多围观的群众,传言又一次悄然传播,"看来事情很严重啊,不然怎么会派机器人来呢!"

7月17日,机器人处置过程中发生故障,厂区大门外围观的群众出现了骚动,各种猜测甚嚣尘上:"辐射非常厉害,机器人进去就融化了!"还有人喊"快跑,要爆炸了!"有的传言更精确到"下午5点就要爆炸!"

至此,谣言影响加剧,并迅速扩散开来,表现在从口头传播、人际传播向网络、短信传播。网上开始有帖子在疯狂地传播:"现在科学家已没有办法了……只能坐以待毙!有些科学家来后吓得饭都不敢吃,当天就坐飞机走……"

谣言通过网络、短信等各种途径传播,惊慌失措的群众开始拖家带口向外奔逃。中午刚过,大街上已经乱成一团。就这样,一场"杞人忧钴"的事件发生了。

据人民日报报道,从6月7日到7月17日,在一个月的时间里,当地政府基本没有发布什么有效信息。直到17日当天,看到事态严重,杞县县委、县政府才接连召开了4次会议,2000多名干部走上街头,进入全县各个村庄,劝阻村民居民不要离家。

7月17日下午1点开始,县广电局所管辖4个电视频道全是关于此次事件真相的报道,县电视台播放了对专家、县环保局局长、附近七里岗村支书的访谈,告诉群众没有发生泄漏。但当时群众多数都在户外,效果不太明显。

下午4点左右,时任县长李明哲紧贴着辐照室大门接受电视台等的采访:"我身后就是辐照厂,市县的干部都在这里,大家看,这里非常安全!更不会发生什么爆炸!"之后,时任县委书记郏晓峰率县级领导全部上街和群众交流。下午5点左右,开封市政府通过手机短信,滚动播发通告,告知市民打开开封电视台频道,获知事件真相。

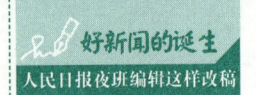

手机短信一发,事态开始缓和。下午5点"要爆炸"的关口平安度过,群众慢慢停下"外逃"的脚步。晚上9点,开封市召开第二次新闻发布会,更多群众明白了真相。

回顾"杞人忧钴"事件,原因很荒唐,过程很荒诞,可它们就真真切切地发生在我们身边,裹挟不明真相者的情绪,搅动社会舆论的一池春水。

在热点事件、敏感问题上,公众依然期待政府发布最权威、最可靠的信息,依然对政府充满期待。因此,政府部门对公众关切和热点问题回应的及时性、有效性,直接影响舆论走向,最终决定政府"得分"或者"失分"。

从治理能力角度观察,如果有关部门反应迅速、应对得当、回应得体,很多谣言可以消除在民声沸腾之前。遗憾的是,面对谣言,很多政府部门在应急管理、信息公开等方面,还存在四种不良心态:

一是不屑回应。 一些政府部门认为,回应网络上的小道消息不值得,"回应了反而降低身份";还有的表示,"如果每天回应网络上这些无聊传言,我们的正常工作将无法开展"。

二是不便回应。 很多事件涉及分头管理,或者涉及多个司局,单一部门不便回应。

三是不敢回应。 一些事件存在监管失职,政府机构心虚,不敢回应。

四是不愿回应。 政府主管部门担心回应后引火烧身,宁愿少说话、不说话。

二、汹汹舆情,应有三种积极姿态

当前,我们面临百年变局和世纪疫情,来自境外的抹黑、造谣层出不穷,境内的热点事件也时有发生。舆论现实迫切要求政府机构及时站出来回应社会热点、引导社会情绪,与主流媒体共建积极的社会舆论。

汹汹舆情,如何回应?杜绝"不屑""不便""不敢""不愿"四种心态之外,还应有"三要""三不要"的积极姿态:

(一)回应要"抢先",不要"乱语"

传播学上,有个"首因效应"的概念,指人们在对事物印象的形成过程中,最初获得的信息比后来获得的信息影响更大。

热点事件，舆论引导，贵在早，贵在快。事件一发生、谣言一露头，第一时间作出回应，早说话、会说话、敢说话，就能够先声夺人、抢占话语权，掌握舆论引导的主动权，不让负面舆论绑架正面舆论，不放任"点"上的问题被炒成"面"上的问题。如果不能马上发声、不愿主动发声，负面舆论就会起来，很容易出现"地方事件全国化，国内事件国际化"，形成一边倒的局面以后，再要扭转就会十分困难。

快，也不能乱语。舆论场上，一些基层政府要么不回复，要么神回复，不是"灭火"的消防队，而是"拱火"的火药桶。"请把我局第一次回复内容读三遍，若还不理解，最好屈尊到户籍窗口咨询为宜。"面对网友的咨询，福建省霞浦县公安局曾在交流板块如此回复。"bu zhi dao"，当有网友问"首套房产证明办理需要哪些资料和手续？可否由亲属代办？"时，江西省九江市房管局网站管理员这样回复。

面对重大舆情事件，"抢先"回应，还得"顶格"回应。既要避免"负责的人不说话"，更要防止"说话的人不能负责"。否则，即使抢占了回应的先机，也可能是"乱语"、让人"无语"。

（二）回应要"合拍"，不要"踩空"

热点事件，热点源于关注；谣言过程，未知带来恐慌。热点事件的"热力值"，谣言过程的"恐慌量"，都有从"量变"到"质变"的一个增长阶段。辨别量变、质变转换的关键点，在舆情应对中至关重要。

回应要"合拍"，不要"踩空"，就是要踩准回应的节拍，在"热力值""恐慌量"增长的关键时刻和关键之处，击中舆情焦点的"七寸"。踩准回应的节拍，包括回应的时间节拍，和回应的问题节拍。

时间节拍，是指回应要有"底线时间"思维。应急救援有"黄金72小时"之说，回应也有"底线时间"要求。回应的有效性随时间的消逝呈递减趋势，与舆论关注的情绪值呈负相关。"杞人忧钴"事发后，随着围观群众情绪的变化，事件性质已由"故障"转变为公共事件。尤其在7月17日，机器人处置过程中发生故障、厂区大门外围观群众出现骚动的时候，已经达到了舆情（民间舆论

场)关注的顶点,回应的有效性也降至最低点。在这一刻果断、全面、有效回应,尚有避免严重后果的可能。但是,政府部门没有注意到这种转变,也失去了将隐患消除在萌芽的关键机会,导致了全城出逃的闹剧。

问题节拍,是指回应要有"问题意识"。回应要抓住公众关心的疑点解答,是"释疑"而不是"仪式"。北京曾有一次谣言称水体污染导致各大超市下架活鱼,引起不少消费者的猜测和担忧。北京市食品药品监督管理局迅速反应,通过其官方微博"首都食药"作出回应,称下架活鱼是企业自主行为。然而,回应中的"自主行为"更像是自说自话,没有答疑,没有说明"企业源于什么原因下架活鱼"。这样的没有针对问题的回应,反而引发了更大范围的担心。后来,进行了有针对性的再次回应,才说清楚原因,证实为虚惊一场,原来是商家担心水产品专项检查不合格而下架活鱼规避检查。因此,辟谣必须摸准公众的忧虑点,回应要有针对性,不然就成了舆情升级的"催化剂"。

(三)回应要"共情",不要"傲慢"

对于现代领导干部而言,提高舆情回应能力已然是治国理政的一项"基本功"。但是,还是常常能看到傲慢回应导致"火上浇油"。突发事故,是先表彰官员还是先慰问伤员,舆情肯定有所不同;热点事件,是先承认错误还是先官话套话,观感大为不一样。

回应的语言,一戒"顶牛",网友言语再尖锐,千万不可顶着来;二戒"套话",应该平实地说、说通俗的话;三戒"标新",不应过于娱乐,少点网言网语。

回应的姿态,一要表达重视,讲清楚"认真处理"的态度,多作具体工作过程描述,而非官话套话的粘贴;二要表达诚恳,"接受批评""愿意改进""继续提高",低姿态易于被人接受,高情商更能化解困境。

辽宁绥中小河口曾发生野长城被水泥抹平修缮一事。在"最美野长城被砂浆抹平,700年历史的国宝面目全非"的帖子引起一片质疑声时,相关负责人回应称修缮经过国家文物局审批,"合理合法"。这份回应,没有肯定质疑的合理性,对"合理合法"也没详细解释,总体上没有充分把握好公众的情感需求,因而令网友更加愤怒,反而舆论更加认为相关部门在推卸责任。

热点事件、突发事故不是孤立、割裂、地方性的，汹汹舆情中盖子是捂不住的、躲是躲不过的。以"早说话、会说话、敢说话"的心态、姿态，说网友"听得进、愿意听、习惯听"的回复、回应，才能避免小拖成大、大拖成炸。

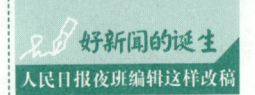

屡屡反转，有点辨伪意识

正与反：我们为何在热点新闻中迷失

纷纷攘攘的舆论场中，从来不缺热点新闻。

有一段时间，常常见到这类场景：一次突发事件、一个疑点报道，突然酿成热门新闻，媒体一哄而上、不亦乐乎；报道事件动态、追踪各方反应、纷纷发表评论……新闻热度迅速攀高，"围观"者众，"吃瓜"者广，社会热议，舆论沸腾。

然而，众声喧哗中却有媒体做出不一样的报道，呈现了热门新闻的另一面：原来，被热议的事实源头要么是被凭空捏造的，要么是被片面呈现的，要么是被大众误解的。当反转新闻"拨乱反正"时，原本被抨击的"罪魁祸首"成为"受害人"，原本备受同情的"当事人"又被大众唾弃。新闻突然反转，舆论瞠目结舌。

"新闻是复杂的。"我们正日益进入一个复杂新闻的时代。这包含两个层面的意思：

1.同一个新闻，具备多角度解读的侧面。不同利益、不同立场的读者，能从各自角度解读出不同的意味，甚至得出截然相反的观点。从报道者的角度看，不预先考虑新闻的复杂性，单向度、简单化报道新闻，容易引发舆论场上的争议。

2014—2020 年典型新闻反转事件

事件序号	事件	事件序号	事件
1	河南周口婴儿丢失案	19	哈尔滨天价鱼事件
2	快递员下跪事件	20	北京学区房每平米 46 万？
3	成都七中实验学校食品安全问题	21	中国游客泰国铲虾事件
4	王凤雅事件	22	大妈"碰瓷"玩具车事件
5	高考答题卡被调包	23	雷洋"嫖娼"事件
6	德阳女医生自杀	24	"肾丢失？肾萎缩？"事件
7	重庆公交坠江事件	25	山东产妇腹中遗留纱布事件
8	快递小哥雨中暴哭	26	罗一笑事件
9	堂姐顶替上大学	27	80 后白发书记
10	乐清儿童"失联"	28	抹香香事件
11	南锣书店朴道草堂上演苦情戏	29	女大学生扶摔倒老人，到底撞了没有？
12	深圳四胞胎事件	30	女子被恶犬咬伤是为救女童？
13	大学生怒踹熊孩子？	31	男子开房就被抓，到底谁是影帝？
14	12 岁女生被两名老师强奸	32	黑龙江庆安火车站暴力袭警事件
15	"格斗孤儿"事件	33	成都男子暴打女司机，到底谁先惹了谁？
16	榆林孕妇坠楼事件	34	医生手术室自拍
17	14 岁神童签约麻省理工？	35	双黄连口服液可预防新型冠状病毒
18	"上海女逃离江西农村"事件		

（▲图表"2014—2020 年典型新闻反转事件"，来源：《新媒体语境下新闻反转、舆论生成机制和治理路径探究——基于 2014—2020 年典型反转新闻事件的定性比较分析（QCA）研究》，作者：曾祥敏、戴锦镕）

2.复合型、混合型舆情事件增多。随着各类新媒体平台的出现，信息传播从原来的以小时论变成了争分夺秒。热点出现后，为追求时效，各类媒体一哄而上，在仍是碎片化信息的状况下就要迅速报道，甚至归因定责。事实真相浮出水面往往慢一拍甚至好几拍。在一波又一波热点追踪中，媒体校正报道事实、调整评论枪口，使事件愈加混乱、复杂。就如同一场战役包括若干战斗一样，一轮复合型、混合型的舆情事件，往往包括了多次热点转向、角度调整甚至完全反转的新闻波次。

反转新闻，从过程看本质上是一种新闻失实。它的产生，有很多原因。从采访者、报道者、评论者的角度来看，主要有两个原因——

(一)"偏听偏信"

主要包括两方面的情况：

第一方面，舆论被网络上碎片化的信息（主要是网络爆料）牵着鼻子走，相关媒体根据爆料编写后续新闻、追踪后续动态。

历数典型案例，可谓"网络爆料'引领'社会舆论"——

上海姑娘跟江西男友回农村过年，见到男方家里第一顿饭后就决定分手，最终证实是某少妇和丈夫吵架后为宣泄情绪而编造的；"丢肾门"事件最终证实肾没丢，还在患者体内，只是萎缩了；"偷鸡腿"事件最终证实，那个偷超市鸡腿给女儿过"六一"的贫穷母亲是个惯偷；河南西华县"老师强奸门"调查结果水落石出，原来是涉事的12岁女生"随便编"的；安徽马鞍山女子哭诉"被长期威胁奸杀报警无果"，最后承认是自己杜撰；广州网友"小岛里的大海"晒出带血衣服反映广州老师体罚学生，最后向警方承认是故意编造，还买了水军……

考察反转新闻的信源，有着惊人的一致性：多是来自网友的爆料；都是未经证实的说辞；都是充满情绪的内容……来自上海理工大学的研究者邢丽娜、刘强对2013—2019年的40例典型反转新闻进行分析后发现，反转新闻的首发信源80%都来自草根自媒体，其中普通群众占比最高，成为主要的首发信源。但即使首发信源是对事情了解的当事人和知情人，新闻也会出现反转。邢丽娜、刘强指出："当事人、知情人作为信源公开的信息其可信度并不高。"

"偏听偏信"的第二方面主要是，相关媒体被"抢抓新闻"的冲动带偏，新闻专业主义精神缺失，采访不到位、报道不充分，信源单一，只采访、呈现了单方面的当事人、知情人，制造了假新闻。

这方面的典型案例即"某公司高管鲍某被诉性侵养女"案。成年女子韩某通过网络宣告某公司高管鲍某多次性侵自己，并表示与其为养父女关系。《南风窗》把韩某声称的内容作为既定事实加以报道，刊登文章《涉嫌性侵未成年女儿三年，揭开这位总裁父亲的"画皮"》，引起社会舆论强烈关注。最高人民检察院、公安部联合督导组调查结果显示：未发现鲍某违背韩某意志，采用暴力、胁迫或者其他手段强行与韩某发生性关系的证据；韩某与鲍某见面时已年满18

周岁,不属于法律特殊保护的未成年人;未发现韩某被鲍某言语洗脑、实施精神控制发生性关系的情况。

通报中指明了鲍某存在的一条道德问题:鲍某明知其本人和韩某的情况都不符合相关法律规定的收养和被收养条件,且在自认为韩某系未成年人的情况下,仍以"收养"为名与韩某交往且与其发生性关系,严重违背社会伦理道德和公序良俗,应当受到社会谴责。

至此,《南风窗》等媒体依据韩某单方面的采访而得出的"强奸""未成年""洗脑"等结论,均被证实为谬误。

用证据说话、多信源采访、多方进行求证,这是热点新闻报道中应该坚持的基本原则。然而,今天很多媒体仍然做不到。究其原因,就是"萝卜快了不洗泥"背景下的把关不严,使本不符合新闻真实性要求的报道刊发了出去。中国人民大学教授陈力丹点评鲍某反转新闻案例时也说:"传播者要对自己传播的方式和内容负责","既然传播的是新闻,传播者必须具备基本的新闻专业意识,'不能根据愿望来描述事实'。"

(二)"观点先行"

自媒体时代,个人观点能够获得比以往广泛得多的传播。然而,在事实不清、是非不明之时,自媒体就大肆发言、随意评论,以所谓的普遍常识代替具体问题具体分析,以未经证实的爆料、报道作为评论素材,倾向于用观点代替事实、用价值判断代替事实判断、用道德判断代替是非判断。这种风气既扩大了不实新闻的传播面,又增加了辟谣的困难度。

不可否认,很多自媒体运营者能够吸引众多粉丝,正是因其激扬的文字、敏锐的观察或快速的反应。但是,这并不意味着他们在事实判断上能够一贯准确、永远正确;更不意味着能够不用实地采访、当面调查就随意发言。

以"某公司高管鲍某被诉性侵养女"案为例,时至今日,用"高管鲍某"检索相关新闻,映入眼帘的仍是众多自媒体评论文章。《高管鲍某性侵的事件更引起你深思的是什么?》《上市公司高管鲍某涉嫌性侵案"堵"在何处》《震惊!上市公司高管鲍某性侵养女4年,真相为何一直被包庇?》……这些评论文章的观点支撑为当时尚未证实的"鲍某性侵养女""养女发生性关系时是未成

年人"等片面之辞，如今看来颇为尴尬。虽然众多媒体的强烈关注和评论有力地推动了事件调查的进展，但这并不意味着"用谎言追求公正"本身是公正的。

冷与热：独家新闻就在一求一证之间

反转新闻何其多。在复杂新闻的世界，新闻热点如涨潮般咆哮而来，又如落潮般悄然而去，新闻人要避免尴尬地留在沙滩上。有责任的新闻人，应时刻保持警惕，在舆论场越热闹的时候，在交锋角力越激烈的环境中，越应保持辨伪意识，具备求证思维。因为，独家新闻往往就在一求一证之间。

——冷眼观察：热点事件当前，先问是不是、为何是、万一不是

热点新闻、突发事件发生时，往往伴随着情况混乱、原因不明、变化迅速等状况，很多事实尚待核实，很多细节也不确定。就像通过混乱的交通路口时需要"一慢二看三通过"一样，热点当前也须冷静，先问是不是、为何是、万一不是。

2018年重庆万州发生公交车坠江事件，短短一天内媒体报道就经历了两次逆转，问题就出在关键的事故原因上。

2018年10月28日上午10时08分，重庆市万州长江二桥上一公交车与小轿车碰撞后坠落长江。从网友曝出的现场视频中可以看出，小轿车的驾驶者是一名女性，女司机穿着高跟鞋坐在马路旁。

"女司机""高跟鞋"+"惨烈车祸"，这个"组合"一下吸引了关注这一突发事件的媒体记者和网友的视线。事发之后几个小时内，微博等平台的网友开始对女司机进行指责，将事故原因归咎于女司机操作失误。

包括新京报、澎湃新闻在内的多家媒体，做出了"事故系小车女司机逆行所致""私家车女司机邝某娟已被警方控制"等报道。其中，新京报记者采访到了重庆市万州区应急办，从工作人员处获知该起事故起源于"女司机逆行"。

然而，当日17时重庆警方通报了不一样的事故过程：经过事故现场的进一步调查，为公交车在行驶途中猛然穿过中央实线，撞上对面正常行驶的小轿车后冲上路沿，撞断围栏坠落江中。至此，事实真相终于水落石出。

突发事件发生的原因源头、热点新闻涉及的关键细节等，属于结论性、判定性的事实，在报道时一定要慎之又慎、核之又核。要多方验证信息准确性，熟悉信息发布单位的领域范围，了解关键信息发布的主体单位。重庆万州公交车坠江事件中，交通事故原因的权威发布主体，应该是交警部门，即使采访到了应急办工作人员，也应追问其信息从何而来、是否经过验证。把握"慎之又慎"的原则，绷紧"万一不是"这根弦，采取"核之又核"的工作态度，才能尽最大努力消除突发事件、热点新闻报道出现偏差的可能。

——冷静思考：用理性的态度、深入的调查，戳破膨胀的情绪

在大家都热的时候，一定要格外冷静。一哄而上抢的是新闻，戳破泡沫更是大新闻。找到了点，走对了路，后发也能先至，后发也出新闻。

2014年7月，受强台风"威马逊"影响，琼粤桂三省区几十万群众受灾。

7月19日，媒体报道中国红十字会总会向海南省红十字会调拨家庭包2500个、夹克衫5000件，向广东省红十字会调拨家庭包1500个、棉被3500床，向广西壮族自治区红十字会调拨家庭包1000个、单帐篷100顶。

7月20日，新华网时政频道刊文《酷暑救灾送棉被"囧"了谁》，文中指出："三伏天里往气温超过30摄氏度的南方灾区送棉被，不知该发'囧'的是谁？"

新华网此文一石激起千层浪。在灾区普遍高温的环境下，红十字会调拨几千条棉被和夹克衫的行为引起媒体和网友质疑。各类媒体纷纷仿照新华网的口吻对红十字会三伏天送棉被行为予以批判。中新网发文《三伏天送棉被 这份温暖好难消受》，荆楚网发文《三伏天的棉被"捂晕"了谁》，等等。

当"三伏天"遇上"送棉被"，这充满悖论的对比，这看似荒唐的捐赠行为，加上"红十字会"的标签效应，让这条新闻极具新闻性、传播力，顿时引爆了舆论。

舆论热潮中，值得一提的是，众多评论者并未深入调查，皆从常识角度出发做出推测、判断。而恰恰是这样的评论，将舆论热潮推向高点，拨动了更多网友的情绪。

人民日报要闻四版编辑在微信群中展开讨论时，一开始也表示了不解，但与此同时，又从另一个角度进行了讨论：

"作为救灾物资的棉被跟我们家用的一样吗？有多厚？"

"南方山区的晚上冷不冷？群众有没有需要棉被的可能性？"

"难道救灾用的棉被只是用来盖的？有没有别的用途？"

"棉被是否是常备救灾物资，调配时先调手头有的棉被，以作救急？"

……

不人云亦云，不偏听偏信，冷静讨论、冷静思考，将一件看似不可能的新闻，分析出诸多可能性。

编辑组约请记者实地调查、采访相关各方，得来的事实证明，编辑的这番思考客观、理性、符合实际。

报道以《红十字会解释 为什么三伏天往南方灾区送棉被》为标题（如图），同时制作副题详细解答，"送去救灾地区的棉被比较薄，适合防潮保暖""一些受灾山区、丘陵地区早晚有温差、湿气重，老人孩子孕妇等需要棉被""因为棉被功能多样，往灾区送棉被是救灾常见做法，并不局限在冬天"，有针对性地回应了社会上的疑问。

2014年7月21日人民日报要闻四版《为什么三伏天往南方灾区送棉被》报道版面截图

尽管讲清楚了"送棉被"的正当性，但进一步思考，仍有很多疑问待解答：为什么广东红十字会仓库里常备棉被，而不是毛毯和凉席？为什么发放的救灾物资中总是有棉被？救灾物资储备什么、不储备什么，有什么讲究？

因此,在第一篇《为什么三伏天往南方灾区送棉被》报道的基础上,要闻四版编辑组继续围绕"棉被"话题深入报道《救灾,为什么总有棉被?》(如图),从"储备救灾物资的标准是什么?""储备布局、调运管理什么样?""如何兼顾差异化需求?""国外如何进行救灾储备?"四个方面作了解答。

2014年7月22日人民日报要闻四版《救灾,为什么总有棉被?》报道版面截图

真与伪:普通网友应"知传播""知表达"

反转新闻满天飞,道听途说亦是真。报道者责任重大,网友同样承担责任。网友的责任就在于,要努力做一个有点媒介素养的人。

媒介素养有多种定义,一般认为它是指人们在面对各类媒体信息时所表现出的选择能力、理解能力、质疑能力、评估能力、创造能力、生产能力及思辨能力。

在热点新闻、突发事件中,一个普通网友应该具备的最大媒介素养是什么呢?我认为,网友应该有辨伪的预防心态,和辨真的判断能力。

人生下来就在辨伪和辨真。看到一个苹果,首先辨别它能不能吃。能吃,就是作出了"真"的认定;不能吃,就是一种"伪"的判断。这种辨伪和辨真,本质是一种信息的接收、处理和分析,是有章可循的。作为普通网友,做到辨伪和辨真,首先应"知传播",其次应"知表达"。

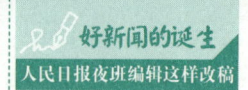

第一，知传播

看来源。

看来源，要看原作者、首发媒体是谁，要注意转载平台和渠道的公信力。一般来说，专业媒体公信力大于社交媒体，传统媒体公信力大于传统媒体网络版。

这种划分只是一种经验性的分类，并不意味着不去接受其他平台或渠道的信息，而是应该采取不同的信息对待策略。在公信力偏低的平台，应采取预防性策略来对待信息。通俗地说，就是存一份疑问，不要全信，以半信半疑的心态，去处理公信力偏低平台的信息。

看事实。

看文章或网帖，要有"5个W"意识（who什么人物，where什么地点，what什么内容，when什么时候，why什么原因）。很多不实传言、谣言或水准不高的新闻报道，往往没有准确时间、地点。此外，还要看有无信源，核心事实是从哪里采访得来的，关键信息是谁说的。

信源的水平决定了内容的质量。比如，路透社曾报道"林郑月娥向中央辞职"，该报道既没有消息来源，也没有有关时间，更没有涉及的部门，甚至连辞职的程序都没讲清楚，其中疑点太多，因此可判定为假新闻。

第二，知表达

看情感。

感情色彩过于浓厚的文章，要有所警惕。一些商业网站做出的"奇葩标题"，很多爆料网帖、自媒体文章，都是为了刺激读者愤怒、激动、好奇的情绪。文章和标题的语言越激动、偏激，阅读的心情越应该警惕、冷静。

比如，有网站曾转载新闻《人民日报：只要不违法，"拼爹"也可以》，可仔细查看原文，发现内容与标题意思完全相反，再追根溯源找到人民日报版面，原标题为《"拼爹"难拼出美好未来》。从标题来看，意思已被转载平台篡改得南辕北辙。这篇评论一共九段，前八段集中批判"拼爹""躺平"之弊，直陈奋斗、拼搏、吃苦之重要。在第九段叙述时，从全面论述的角度，提出"话说回

来，其实说到'拼爹'，只要不违法乱纪，也是人之常情"，同时再次强调"坐吃山空，立吃地陷""打铁还需自身硬"。然而，网站转载新闻时，不顾原文主要观点，断章取义制作标题，目的就是故意制造对立、争议，立起"靶子"让网友骂，从而获得点击率。作为读者，这时一定要擦亮双眼、保持警惕，不要掉入陷阱。

看逻辑。

很多平台为了增加作者来源，引入"××号"的运营方式，鼓励自媒体作者大量发表文章。这些文章的激励标准，主要基于点击率、发表数量等。为了点击率，很多自媒体作者将旧闻逸事或者道听途说进行编辑后就草率发表，逻辑颠三倒四，文章七拼八凑。对这类"杂糅"文章，一定要有所防备。

看文体。

看文章到底是新闻还是随笔、散文。有些随笔、散文透露了一些事情、细节，有的经过艺术加工、信息整合，不能像对待新闻一样去理解。即使是新闻，也要看体裁，是传递事实的消息通讯，还是传递观点的评论。两者涉及的信息层级有所不同，消息通讯一般是记者采访而来的"一手信息"，评论的信息源头往往来自其他报道，多为"二手信息"。

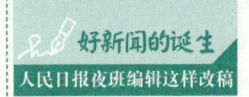

从"事实"到"事理"

连续性深度报道也称追踪性深度报道,即在某一时段内,围绕人们关注的某一重大事件进行的分段持续报道。

做好连续性报道要找准方向。方向体现策划思路,从实践中看,主要包括事件类方向和分析类方向两类。

有的新闻事件热度时间长、细节问题多,需要通过连续性报道追踪进展和细节。比如"天津港爆炸事故"等救援类事件,事态在不断发展变化,只有持续追踪才能满足读者需求。

还有的新闻事件,内容层次复杂,可评论点较多,报道者为了引导读者理解、认识新闻事件,在完成事实层面报道后,采取连续性报道的方式,采访相关领域专家和业内人士,结合编辑部设置的议程进行发言,析清事理,引导舆论。

本质上,事理性报道也是一种观点、见解的传播。但与单篇评论不同,它是一种"众议""群论",围绕报道主题,要采访多位对象,呈现多个观点,以帮助读者全面认识新闻事件。

从事实到事理的操作方法,在新闻报道中时常见到:首篇关注事实,报道事件进展和焦点,后续呈现事理,究因果、说是非、析事理。

2014年,世界知名汽车公司阿斯顿·马丁公开宣布,召回近1.8万辆跑车,一时间引起全球关注。在阿斯顿·马丁公司姗姗来迟的公告中,召回的责任扔给了中国企业、中国制造。公告表示,深圳科翔等中国企业提供了假冒塑材,同时宣布,今后将不再使用来自中国的零配件,转回英国市场。然而同时,事件核心方深圳科翔却极力喊冤，其负责人甚至邀请媒体实地采访，坚决否认是阿斯顿·马丁公司的供应商。

对这一热点事件，人民日报编辑部利用驻外分社的优势迅速反应，在两天内迅速展开调查，部署8名记者兵分五路，在伦敦、北京、深圳、东莞、香港等地驱车往来800多公里展开采访。

2月12日，人民日报四版《求证》栏目推出《神秘的阿斯顿·马丁供应链》的调查性报道，呈现对该公司5个利益方和事件的3个疑问点的调查过程。调查显示，阿斯顿·马丁一级供应商（英国公司）多次推诿采访；二级供应商（英国公司）疑为"皮包公司"，在东莞找不到所谓的"材料供应商"；"三级供应商"否认供应且不具备成为供应商的条件，击破了阿斯顿·马丁公司"供应链的管理非常严格，并且始终都与行业内最优秀的伙伴们合作"的回应。这篇报道全为客观素描和调查展示，但充分展示了该公司供应链管理上的极端混乱状况。

尽管第一篇报道以翔实的调查展示了"神秘的阿斯顿·马丁供应链"，但阿斯顿·马丁公司在供应链混乱中应该承担什么责任？外国公司使用了中国公司生产的不合格配件就毫无责任吗？这些问题无法通过客观调查给出清晰明确、立场鲜明的解答。因此，人民日报编辑采取了连续性报道的方式，进行了"从事实到事理"的后续报道。

2月13日，人民日报推出后续报道《阿斯顿·马丁不能推卸责任》，采访长春一汽、上海大众、香港大学等多方专家学者及业内人士，详细介绍了召回事件的责任归属问题，明确指出阿斯顿·马丁供应链存在监管漏洞，推卸责任是非常不负责任、不够专业的做法。至于出现漏洞的原因，文章指出：盲目省钱得不偿失，多级供应商尾长难控。最后，文章还提出中国制造要不断发展自己，不断强大起来。

"阿斯顿·马丁不专业"的结论，得到了广泛的转载。人民网英文频道、中国日报网站、新华社对外部进行了编译报道。此前曾就"中国制造"大做文章的路透社专门编发报道，美国华尔街日报网站、英国E&T工业杂志（*Engineering & Technology*）、欧洲汽车新闻网等媒体进行了转载或跟踪报道。

事理性后续报道，是很常见的报道形式——

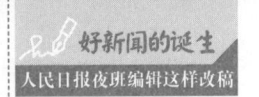

比如,在求证"雾霾中是否存在耐药性基因"这一热点事件之后,继续推出了事理性后续报道《如何科学地传播科学》,探讨科技领域的报道原则、容易造成误解的报道手法等问题;

再比如,在揭露"国际食品包装协会""中国经济贸易促进会"等在香港注册却只在内地活动的现象后,继续推出了事理性后续报道《离岸协会 监管待发力》,呈现专家对离岸协会存在的原因和如何监管等问题的建议;

……

实际上,事理性报道越来越不局限于作为后续报道,而越来越多的以舆情观察等形式出现于媒体。

众声喧哗中,互联网已成为最大舆论场。热点、突发事件热度高、影响大,常常在互联网上引发热烈讨论,出现信息多、议论多、争锋多的特点,这已成为一种独特的舆论现象。

然而,一些事件爆发迅速、背景复杂、屡有反转,得出结论、给出结果尚有时日。在这种背景下,复杂舆情当中的"情绪",和热点事件背后的"道理",无疑是媒体关注的更好切入口。

"告诉世界看问题的角度,告诉人们看世界的态度",从关注事情到关注舆情,从呈现事实到呈现事理,可以借此分析社会心态、疏导社会情绪、发现社会问题、引领社会共识,也体现了主流媒体的责任。

从"事件"到"见势"

社会生活中,我们遇到一个又一个新闻事件。在追逐、报道每个单一新闻事件之时,也应关注、报道它们之间的联系、演变的趋势、存在的问题,这就是所谓"在日常中发现新闻,在新闻中发现趋势,在趋势中发现问题"。

察势者智,驭势者赢,新闻人"见事"更要"见势"。事,是已经发生的新闻,是单一孤立的新闻,是事件本身的新闻;而势,是差异思考的新闻,是整合创造的新闻,是新闻背后的新闻。我们既要看见事实变动、事件发生、事物发展,更要注意洞察背后的形势、态势、趋势。

从已有新闻、孤立事件中发现趋势、看见问题,考验新闻人的思考能力、系统思维和前瞻眼界。要统筹不同事件,思考共性问题;要立足具体事件,思考前瞻问题;要总结复杂事件,定义新鲜问题。

在新闻实践中,一代又一代新闻人从时代事件中看见历史大势,推出的前瞻观察、采写的深度报道、创造的新鲜概念,至今让人受益。他们为何能从时事中踩准大势?这些报道体现出哪些共性?

孟子有言,"观水有术,必观其澜"。研究、琢磨、学习这些看见趋势、领先潮流的报道,有助于我们把准时代脉搏、把握历史大势,有助于我们认识现在、走向未来。

一、意义的前瞻性

1978年,党的十一届三中全会之后,中国历史发生了重大转折。其中,最

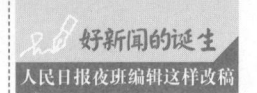

为重要的标志之一就是农村改革,而农村改革的一个重要方面,首先就是尊重和保护生产队的自主权。1978年初,《辽宁日报》农村部按照党的十一届三中全会精神,组织了一些尊重生产队自主权、因地制宜确定生产方针、让一部分农民先富起来的报道。

然而,据《辽宁日报》记者范敬宜回忆:

三月以后,我们接到来稿、来信、来电,反映农村中出现了大量问题,说什么强调了尊重生产队自主权,许多生产队不听指挥了;提倡了社员家庭副业,资本主义泛滥了;号召发扬民主,违法乱纪、封建迷信活动抬头了,等等。在分析产生这些问题的原因时,不少人归罪于报纸关于农村政策的宣传"片面性""过了头""在下面造成了混乱"。

这些问题到底有没有?如果有,是主流还是支流?社会上存在的质疑声,会不会动摇群众对党的十一届三中全会精神的认识?

范敬宜没有放过这些疑问,反而是下到农村采访了10天。通过和生产队干部、社员的接触,通过对各类数字的调查,他了解到,农民们对党中央政策高度认同,"活起来了""心盛了""日子有过头,工作有干头"……他们毫不吝啬对改革的肯定,丝毫没有认为政策"过头"。

范敬宜回去后,立即撰写了述评文章《莫把开头当过头》,发表在《辽宁日报》一版。3天后,《人民日报》在头版头条位置,全文转发这篇述评,并配发编者按。

交给生产队的自主权,是好还是坏?改革措施是"过头"了,还是刚"开头"?这是"关系到如何估计三中全会以来政治经济形势的大问题"。改革开放之初,人们正处于是否和如何解放思想的犹豫期、观望期。人们极度关注从权威渠道发出的声音,尤为关心对敏感问题作出的解释。从读者来信中,范敬宜敏锐地看到了问题的严重性,然后深入农村了解到真实情况,随后一鸣惊人、一呼百应的报道效果也就可想而知了。

范敬宜后来谈起创作感受时说:"基层群众既是正确政策最直接的受益者,也是错误政策最直接的受害者。'春江水暖鸭先知',反过来说,也是'春江水

寒鸭先知'。""作为新闻工作者,最重要的是'审时''度势''取材'。审不了时,就度不了势,度不了势,也就取不了材。就是说,对客观形势没有一个客观的、正确的估计,就无法进行报道。"

无论"水暖"还是"水寒",都要有对大势作出判断的能力,对客观形势有正确的估计,然后才是调查、了解、分析、发现、呈现,这是做到"先知""先发"报道的前提。

二、痛点的时代性

加里宁说过:"如果你讲了人们最关心的问题,即使你讲得很平常,也能引起强烈的反响,因为你拨动了社会上绷得最紧的弦。"

问题是时代的声音。找到"社会上绷得最紧的弦",就能做出影响巨大、深远的报道。

2012年以来,PX项目在各地陷入"一闹就停"的困境。从宁波到大连,从昆明到漳州,多个城市不断发生突发事件,其中既有石化工厂爆炸等意外事件,也有市民反对PX项目选址的群体性事件。在很长一段时间里,PX一词成为"社会上绷得最紧的弦"。

对此,很多媒体进行了跟踪报道,但只限于一时一地的突发追踪,或者从外围发表评论,声势虽大,却并没有系统解决社会舆论关注的痛点。

为此,人民日报《求证》栏目进行了长达近一年的策划与采访,不仅关注科学范畴的"PX毒性",更关注战略层面的产业需求;不仅注重从国内进行采访,更注重在国外进行调研;不仅呈现产业发展的问题,更呈现各方对"PX症结"的建议。这一组四篇深度报道,回应社会质疑,不回避敏感问题,从世界产业格局看战略性、从各国发展举措看借鉴性、从体验采访突出现场感、从建言献策体现可操作性,尺度把握均衡,观点获得各方认可,有效缓解了社会焦虑。

这组报道见报后,几乎全网头条转载,多个省份将其集结成册下发干部学习。此后,PX闹剧慢慢消失,如今已成历史旧事。

围绕同一个主题,反复多次发生突发事件、出现热点新闻,这个主题往往

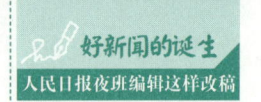

好新闻的诞生
人民日报夜班编辑这样改稿

就是时代的痛点，是"社会上绷得最紧的弦"。这个过程中产生的传言、谣言，更是社会关切、影响巨大，舆论斗争应该紧紧抓住这个焦点。人民日报社原社长杨振武曾说："作为党中央机关报，我们要承担起激浊扬清的职责使命，围绕百姓关切的热点事件，察形见势，主动发声，说明事实，澄清谣言，积极回应社会关切，有理有力开展舆论斗争，让真相跑在谣言之前。"

"察形见势，主动发声"，就是要察时代之形，见问题之势，主动发声，亮出态度，建言献计。做出这样的报道，肯定能在时代留下痕迹、赢得读者的认可。

三、概念的首创性

"像石榴籽一样紧紧抱在一起"，走在新疆的街道，这句标语随处可见，已成为一句脍炙人口的名言。很多人知道，这句话来自习近平总书记在党的十九大等多个场合的讲话。但很多人不知道，这句话最早见诸人民日报的报道。

2009年10月19日，人民日报记者戴岚以《"像石榴籽那样紧抱在一起"——

新疆霍城县伊车嘎善村民族团结纪实》为题，报道了一个有11个民族成分、3000多人的村子，多年来从未发生过刑事案件，不同民族间连口角都很少发生的故事。报道引述该村瓦斯卡老人的原话："各民族都是一家人，就像石榴籽那样紧抱在一起。"这是所有公开报道中最早提到"像石榴籽那样紧抱在一起"的一篇报道。

将这句话推向更广泛认知的，是人民日报另一篇评论。2014年3月4日，中国新闻奖名专栏、知名评论栏目、人民日报《人民论坛》栏目，刊发《像石榴籽那样紧抱在一起》（作者：

王慧敏),引述一位长期在喀什工作的维吾尔族干部的微信呼吁:"亲爱的内地朋友,分裂分子制造的杀戮,天人共愤。打击暴力恐怖,绝不能手软。昆明火车站事件,让我们心痛,让我们愤恨。新疆各族人民同样勤劳善良、热爱生活,我们要像石榴籽那样紧抱在一起。"

这是时隔近五年,人民日报再次将新疆人民创造的这一概念醒目地做上主标题。

这篇评论发表于震惊全国的昆明"3·01"暴力恐怖案件告破之际,同时也是当年全国政协会议开幕之时。

时机可谓及时,场合可谓重大,反响也极为热烈。"像石榴籽那样紧抱在一起"这句话,当即成为全国两会上代表和委员热议的金句。据参与全国两会报道的记者透露,习近平总书记参加全国政协会议联组讨论时,引用了《像石榴籽那样紧抱在一起》文章的内容,还现场朗读了文中新疆干部群众的话语。

除了"像石榴籽一样紧紧抱在一起"之外,人民日报还曾多次推动重要概念、精辟说法走向大众认知,很多词语至今仍在不断被使用。"寻求社会共识的最大公约数",如今人们常常使用这个说法。"最大公约数"这个数学上的概念,被引入社会舆论领域,表达多元利益之下求得共识的重要性,获得广泛认同,这个过程离不开人民日报的推广。

2010年7月7日人民日报刊登评论《寻求认识的"最大公约数"》(作者:张铁),提出:"当前社会面临'四个深刻变化'——经济体制、社会结构之变,使得认识对象更为复杂;利益格局、思想观念之变,则涉及我们自身:如何跳出利益纠葛、掌握正确观念,更客观、更科学地去认识、去思考。"评论指出:"寻求认识的'最大公约数',为改革发展凝聚起最大共识。"

曾有一段时间,干部和群众之间,贫困和富裕群体之间,东部和中西部地区之间，观点不同、立场各异，言论碰撞、舆论震荡。社会舆论上，的确存在着"两个舆论场"的现象。因此，鲜明地提出打通"两个舆论场"，求得"最大公约数"，具有重要的时代意义，也得到了社会的认可。

在对外斗争领域，也有"创造一个概念，胜过一打道理"的典型案例。

2020年12月，BBC（英国广播公司）推出一期名为"一年后，新冠疫情如何改变了武汉"的视频报道，通过英文版和中文版的社交媒体账号进行了发布。然而，中国网友竟惊讶地发现，这两个不同语言版本的视频，竟然在色彩上表现出截然不同的效果。

在BBC中文版的视频中，武汉街头的色彩更加明亮，更符合当地实际色彩。在英文版的视频中，相同的场景变得阴暗，仿佛加了"滤镜"的效果。

针对这一区别对待的处理方式，中国网友进行了坚决抨击，并创造性地将其命名为"阴间滤镜"。

如今已无法确定，是哪家媒体、哪名网友率先发明了"阴间滤镜"这个词语，但这个讽刺、辛辣的概念，一出现就风行中文网络。从"阴间滤镜"概念出现后，外媒关于中国的报道就被置于中国网友和媒体的细致观察之下，如果其视频、照片被发现使用了修改色调、拼凑音效、"双标"报道等手段，都会第一时间被找出来，受到国内舆论广泛批评。

2021年3月5日，数名西方媒体记者来到人民大会堂附近，手持各种"长枪短炮"，通过仰拍构图，对着一名执勤武警战士狂按快门。这一幕被前去采访的新华社记者徐泽宇发现，他想起此前一年，BBC在报道中国两会时，配发了一张武警列队在天安门前巡逻的照片，画面中武警战士占据了四分之三，背景灰暗，给人一种紧张、压迫的心理暗示。于是，徐泽宇将这一幕拍了下来，上传到个人推特账号上。随后，新华社摄影部记者李木子在盖蒂图片社网站上找到了"画中画"，这群外媒记者围拍武警战士的照片效果果真是"阴间滤镜"式的，而且标价不菲——售价499美元。

随着连续多次被揭露采取"阴间滤镜"式风格处理视频、照片，BBC在中文网络中成为被奚落的对象。甚至，《BBC没加"阴间滤镜"，网友都惊了》一度都成了新闻。由此可见，"阴间滤镜"一词，很有可能会长久地与外媒涉华报道联系起来，并成为外媒倾向性报道的代名词。不得不说，这个概念达到的效

果,与尖锐的批驳、高声的怒骂相比,毫不逊色。

一个形象鲜明的概念,要能够对现象、问题作出高度凝练。这样的概念,不是无中生有、闭门造车而来的,而是从群众、基层中来的;不是"写"出来的,而是"跑"出来、"转述"出来的。党媒要做的,就是发现这些反映时代强音、领先时代潮流、指出时代问题的新鲜生动概念,广而传之、产生影响、发挥作用。

 后记

夜班路·夜归人

我的小女儿一直不习惯我的夜班作息。

当傍晚时分我要出门去上夜班的时候,她常常会跟我来一次韩剧般的别离。即使答应"不追""不哭",但家门要关上时,她还是会赶出来,要么拉住我的衣襟,要么抱住我的大腿,眼泪汪汪让我保证"一定要早回家"。每每一番拉扯后,我才能从家门口移动到电梯口。最后在她的抽泣声中,我狠下心来扭头就走。

有一天放学,她郑重跟我说:我问了同学,其他人的爸爸都不上夜班,那你上夜班是去干什么呢?我不知如何回答。

我的邻居对我的夜班作息也很疑惑。

邻居家装了一个智能猫眼,带摄像头监控那种。有一次,邻居全家去外地度假,走之前,把智能猫眼调成"动态报警",只要门前有动静,房主手机就会收到短信提醒,登录 App 可看实时监控。

邻居没想到,这个设置带来了"惊梦短信"。每天凌晨 4 点左右,一条短信如约而至,"叮咚"一声吵醒他。第一次发现是我夜班归来后,邻居略感放心,但随之而来的是左右为难:每晚的短信提醒,看还是不看?看吧,多数是重复提醒。不看的话,万一有意外情况呢?

邻居遇到我们后,聊起这个趣事时笑问:你们夜班怎么要到那么晚?我同样无言以对。

的确,对很多人来说,媒体夜班是神秘的。媒体夜班,尤其是人民日报的

后记
夜班路·夜归人

夜班，是什么工作节奏？在做些什么？有哪些要求？

我想了想，大概可用"四个一"来形容夜班：

一段逆行的上班路——

人民日报的夜班，和许多报纸一样，一般从晚8点开始。

这时，家里刚吃完晚饭，碗筷送进了厨房，电视里的精彩剧集正拉开序幕，有的家长已经开始催促孩子去洗澡……家庭的温馨在这个时间格外浓郁；如果把视线投向外面，商场、超市里依然热闹，电影院里成双入对，大排档里灯火通明……对很多人来说，晚8点正是夜生活的兴奋期。

而党报的夜班人，在正热闹之时告别家人，向着喧嚣的反方向出发，穿过城市的灯光和热闹，夜色中从四面八方赶到岗位，安静下来，冷静下来，端坐下来，安排第二天的版面，当好党报把关人、新闻守夜人。

一个特殊的夜班岗——

须静。身在夜班，先要收心，放下家里的牵挂，忘掉窗外的热闹，只有静心、静气、静神，才能发现人所未见之差错。

求精。白纸黑字，字字千钧，句句斟酌。夜班一杯茶、一盏灯，红笔纠错，黑笔签样。凝神皱眉，反复思量，精雕细刻，精益求精。

从快。这里的节奏，可用奔跑形容。将出报的流程，压缩在晚8点至次日凌晨2点之间，能不快吗？截稿、定稿、编辑、校对，三遍流程，不作休息，一气呵成。

一份千钧的大担当——

曾以为，主编是份自在工作：指挥编辑寻找选题，调度记者采访稿件，统筹版面、选择稿件、沟通读者、激扬文字，权力似乎很大。

权力是责任，岗位是担当。等自己做了主编，才体会到那种如履薄冰、如临深渊的精神压力：

出版之前，能否做到万无一失、毫无差错？一块版面七八千字，各方要协调，各地要均衡，责任扛起来；新闻事件中，能否发现不同于人的角度，做出高人一等的深度，责任绕不过去；网络时代，信息爆炸，追踪新闻不能断，刷新网页不能停，围绕当前热点，微信群里不断讨论，事件细节、选题方向，决定一个一个下，节奏之快，不容喘息。

一群可爱的守夜人——

编稿，改错；修饰，打扮；统筹，把关……吃苦不叫苦，繁忙不乱忙，夜班有很多好编辑，他们是一群真正可爱的守夜人。

好编辑不势利。 对待大大小小的稿件，他们一视同仁。不因哪篇稿件有机会获奖，就另眼相看；也不因仅是一条图片说明，而不去细心打磨。

好编辑不虚浮。 扎实、踏实、实在、实事求是，"实"字仿佛就是编辑的代名词。对编辑工作来说，严细深实是永远的追求，虚浮潦草是绝对的禁忌。

好编辑不懈怠。 签发一块大样、付梓一份报纸，意味着重新开始。迎向新的朝阳，抢抓新的新闻，不眷恋之前的成绩，永不懈怠，永远奋斗。

好编辑有洁癖。 他们自我加压：文经我手无差错，事经我手有着落。经手稿件须干干净净，用语用字要准准确确。

好编辑有红线。 他们要求每句话都尽量精简，用最少的字描述生动的场景；他们要求真实，不夸张夸大，更不能脱离事实。

好编辑有底气。 版面就是责任田，就像老农对秧苗成长心中有数，好编辑对稿子里每个句子甚至标点都了如指掌。报道领域内的新知识、新概念，关注范围里的新闻、事件，好编辑一直在学习、吸收，夯实根基，蓄积底气。

三百六十行，行行有特点。夜班工作虽然岗位较累、节奏较快、责任较重，但真考验人、真锻炼人、真提高人。

"动脑与不动截然不同，费力与省事结果各异。""每个编辑要找到属于自己的那口井，越挖越深，越挖越甘甜。"我刚刚踏入报社时，夜班老编辑有一次和我聊天，说的这些话让我谨记至今。

熟悉一项工作后，人就会有路径依赖，开始随着经验干，逐渐跟着感觉走，因为这样简单、轻松。媒体工作也是如此。文章写多了、稿件见多了，容易陷入"舒适区"，选择最省事的写法和编法；容易患上"懈怠症"，不愿开动脑筋去创新。

"陷入'舒适区'了吗？开始'图省事'了吗？"时间越久，老编辑的话在我记忆里分量越重，心底常常浮出反问自己的话。

越费力的地方越出力，越舒适的时候越警惕，才能不断提高、成长。力气和本事这两样东西，有其特别之处。它们有点像弹簧，你挤压它，它反弹回来，

后 记
夜班路·夜归人

力量似乎更大了；也有点像泉眼，你从那里打了几桶水，似乎水面降了点，可第二天来看，又恢复如初。力气和本事就是这样，从长远来看，不会因为使用多了，就减少几分，反而越使用它们、越锻炼它们，它们越以更充沛的能量、更丰富的内容馈赠于你。我将其总结为"出力会长力，用脑也练脑"。

夜班每天处理稿件以万字计，有的从一开始到最终成型，修改次数可达到十几遍。夜班遇到的突发情况也数不胜数，凌晨突然传来急稿，调整版式、重新设计、重编稿件，一系列流程高度压缩在规定时限内，同时要做出准确判断、协调各方执行，又是一种考验。当高标准遇上快节奏，就是对人的能力的极大锻炼。这是实践中的"经风雨、见世面"，能让人"壮筋骨、长才干"。

一个沉浸于工作的人，是能不断从中发现"小确幸"的。竭尽全力解决一个难题后，舒展筋骨，感觉本领也在"拔节生长"；赶在截稿时间之前完成一篇文章，交稿一刻无比满足；采访中认识一位博学的老师，编稿中发现一处可爱的细节，头脑风暴时蹦出一个新鲜创意，等等，都让人快乐。找到工作的幸福之处，就像一簇火花点燃了另一簇火花，让快乐持续，让自己满足，让生活愉悦，让成长加速。以这样的心态对待工作，夜班工作也就不再琐碎，任何工作都不会枯燥。

这本书，就是我在工作中的"小确幸"和一簇簇火花的集合。书中有思考和体会，也有故事和往事，大多是夜班之余，抽空"爬格子"而写的。有的时候，电光火石间有了一个想法，赶紧在笔记本上记下，等到夜深人静时再扩充；有的时候，经历了一次新闻，感觉可以写点什么，但又觉得内容单薄，于是收进资料库，沉淀一下，丰富完善后再整理；有的时候，和同事闲聊报道素材和编稿心得，只言片语随手记之，如此不断增厚。就这样，点点滴滴，慢慢汇成这本书的五辑内容。限于学识、眼界和经验，书中有很多不知深浅的评点和话语，文字也因各种原因显得粗糙，敬请读者见谅。

最后，请允许我列出一张名单表示感谢——

感谢人民日报出版社向我约稿，给我创造了思考、总结和出书的机会；感谢编辑霍佳仪耐心沟通，始终支持、肯定我，给我勇气一鼓作气写完这本书。

感谢北京大学徐泓教授、复旦大学李良荣教授、武汉大学强月新教授、中国人民大学许向东教授、北京大学许静教授、暨南大学麦尚文教授。6位老师

在百忙之中审阅本书,并撰写了令我深感意外、深受感动的推荐语。尤其感谢徐泓和许静两位老师,我至今还记得电话和微信语音中她们热情洋溢的鼓励,让我受宠若惊。

感谢人民日报总编室刘磊主任等各位领导和同事们的帮助、指导,特别是要闻四版的兄弟姐妹们(包括但不限于韩晓丽、袁振喜、罗彦、胡安琪、陈亚楠、张佳莹、杨烁壁、郭玥等),我们一起策划、编稿,值班、熬夜,碰撞、积累,这本书是大家共同的成果。

肖潘潘

2022 年 5 月 15 日